直播修炼手册

主播IP打造 + 营销运营 + 商业盈利

徐捷　潘凌峰◎编著

U0361112

清華大學出版社

北 京

内 容 简 介

本书包括12个专题内容，从平台选择到直播盈利。180多个干货知识，从入门到进阶，助您成为直播行业的大咖！通过180多个小节的内容、310多张图片的展示，详细介绍了当前直播行业中的方方面面，涉及的内容包括IP打造、主播塑造、平台入驻、前期准备、脚本策划、引流推广、运营吸粉、直播控场、带货话术、直播营销、直播盈利和带货卖货等。

本书摒弃传统纯理论讲解，在内容上以直观化形式讲解，案例加经验解析，使读者快速掌握直播核心内容。不管是直播小白，还是有了一定直播经验的老手，都能从这本书中得到启示。

图书在版编目(CIP)数据

直播修炼手册：主播IP打造+营销运营+商业盈利 / 徐捷，潘凌峰编著. —北京：清华大学出版社，2022.10
　　ISBN 978-7-302-61790-7

　　Ⅰ.①直… Ⅱ.①徐… ②潘… Ⅲ.①网络营销 Ⅳ.①F713.365.2

中国版本图书馆CIP数据核字(2022)第165314号

责任编辑：张　瑜
封面设计：杨玉兰
责任校对：李玉茹
责任印制：宋　林
出版发行：清华大学出版社
　　　　　网　　　址：http://www.tup.com.cn, http://www.wqbook.com
　　　　　地　　　址：北京清华大学学研大厦A座　　邮　　编：100084
　　　　　社 总 机：010-83470000　　　　　　　　邮　　购：010-62786544
　　　　　投稿与读者服务：010-62776969, c-service@tup.tsinghua.edu.cn
　　　　　质量反馈：010-62772015, zhiliang@tup.tsinghua.edu.cn
印 装 者：北京嘉实印刷有限公司
经　　销：全国新华书店
开　　本：170mm×240mm　　印　　张：15.75　　字　　数：293千字
版　　次：2022年10月第1版　　　　　　　　印　　次：2022年10月第1次印刷
定　　价：69.80元

产品编号：093571-01

前言

随着互联网日新月异的发展，我们进入了全民直播时代，直播的潜力无穷，从它的萌生、发展到普及，仅仅经历了几年的时间。

2022年2月25日，中国互联网络信息中心发布的第49次《中国互联网络发展状况统计报告》数据显示，截至2021年12月，我国共有10.32亿网民，互联网普及率高达73.0%，其中网络直播用户规模达7.03亿，占网民整体的68.2%。可以这样说，现如今人人都在看直播，而随着网络直播门槛的降低，几乎人人都能直播。

针对这一情况，如何打造直播、培育主播、营销运营也自然而然地成了很多人都关注的热点问题，本书旨在从这三个方面给大家提供帮助。本书的内容全面、结构清晰、语言简洁，具体结构如下图所示。

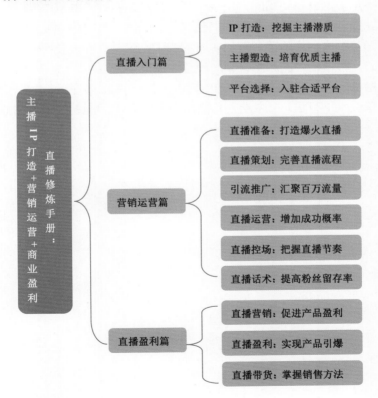

笔者认为，学习知识时要有清晰的结构和丰富的实例，不然只会造成读者一头雾水的尴尬场面。而且，学习关于直播方面的知识，一定要对直播本身有清晰的了解，然后才是实用性的技巧传授。

本书内容定位是为那些对直播的打造、品牌的营销、商业的盈利感兴趣的读者服务，而笔者希望能够提供的价值如下。

一是更接地气：同类书讲发展大势的多，本书从实用角度，介绍实操性的干货内容，如主播 IP 具体如何打造，引流营销具体怎么做，团队如何运营、如何管理。

二是更重盈利：紧扣直播创业者、运营者的痛点和难点，不仅讲方法，更讲盈利技巧，帮助大家尽快实现盈利！

三是更多实例：紧跟直播潮流热点，不仅总结介绍了直播平台、直播的类型、直播的内容形式、直播的营销模式，而且还将其与案例结合，旨在帮助大家把握直播发展的方向。

希望本书能够带给大家一次系统、全面、高效的学习体验。同时希望大家能够将书中的知识学会、学透，化为己有，这样在涉足直播行业时，就会更加得心应手，IP 打造、直播策划、直播盈利自然不在话下。

特别提示：本书在编写时，是基于当前相关直播软件截取的实际操作图片，但本书从编辑到出版需要一段时间，在这段时间里，软件界面与功能会有调整与变化，比如有的内容删除了，有的内容增加了，这是软件开发商做的软件更新，请在阅读时，根据书中的思路，举一反三，进行学习。

本书由徐捷、潘凌峰编著，参与编写的人员还有戴朝阳等人，在此表示感谢。由于作者知识水平有限，书中难免有错误和疏漏之处，恳请广大读者批评、指正。

编　者

目 录

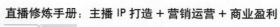

第 1 章

IP 打造：挖掘主播潜质

学前提示

　　互联网技术的成熟极大地降低了主播的入门门槛，让更多人的梦想得以低成本实现。到了以粉丝经济为基础的网红经济时代，主播所花费的成本将变得更低，而回报会更大。本章主要介绍 IP 的主要属性、人物 IP 的特点以及 IP 如何掘金，帮助主播挖掘其 IP 潜质。

要点展示

- 加强：主播的 IP 属性
- IP 特点：打造 IP 人物
- 输出：IP 的产业链
- 掘金：IP 的取胜之道

1.1　加强：主播的 IP 属性

满世界都在谈论 IP，IP 究竟是什么？ IP 原是 intellectual property（知识产权）的缩写，简而言之，IP 就是招牌。它是当今通过直播平台进行互联网营销的一种重要手段和模式。

1.1.1　传播属性：IP 覆盖内容超广

随着移动互联网的飞速发展，网络内容传播的速度也在不断加快，作为一个 IP，无论是人还是事物，都需要在社交平台上拥有较高的传播率。只有在 QQ、微信、微博这三大主要的移动社交平台上都得到传播，才符合一个强 IP 的要求，三者缺一不可。

例如，2021 年 4 月 23 日，为电子游戏《和平精英》量身定做的主题曲《飞行指挥家》上线 QQ 音乐。主题曲的演唱者本身就是一个超级大 IP，微博上有近 4000 万的粉丝，他的一举一动都会得到众人的关注，再加上与热门的电子竞技强强联手，这一单曲不出意外地赢得了众多歌迷和游戏用户的好评，并得到广泛传播。

除此之外，游戏官方还在微博平台对主题曲进行了大力宣传。如图 1-1 所示，这是游戏官方账号在微博平台上宣传推广游戏主题曲。

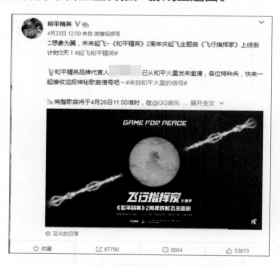

图 1-1　游戏官方账号在微博平台上宣传主题曲

这条微博在极短的时间内就有上万人进行转发，还有粉丝发起了"# 来自和平火星的信号 #"的微博话题，随后众多游戏玩家和歌手粉丝、乐迷对相关微博话题进行评论、转发，使得这一游戏主题曲受到了更多人的关注。如图 1-2 所示，这是关于《飞行指挥家》的微博话题。

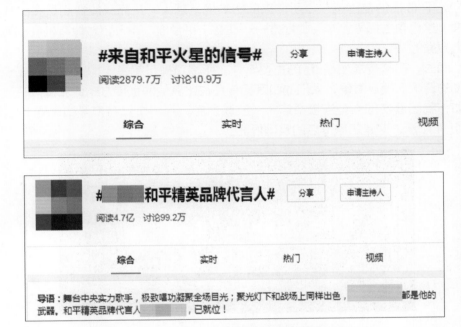

图 1-2 《飞行指挥家》的相关微博话题

在其他移动社交平台，主题曲《飞行指挥家》也得到了火热的传播。如图 1-3 所示，这是用户在微信视频号上分享主题曲的有关信息。

图 1-3 在微信视频号上分享主题曲

从这一事件就可以看出，一个强大的 IP 所具有的主要属性之一就是传播范围广。IP 传播的范围越广，所带来的影响也就越大，从而就能得到更多的利益回报。这也是主播需要学习的地方——在各个平台推广自己，才能有机会成为影响力更强的 IP。

同时，口碑传播也是 IP 的主要属性。所谓口碑，就是人们对一个人或一个事物的评价。很多时候，人们的口耳相传往往比其他的宣传方式更加直接有效。例如，我国著名的大型连锁书店——三联书店就是一个具有良好口碑的 IP。如图 1-4 所示，这是三联书店的官网界面。

图 1-4　三联书店的官网界面

三联书店之所以能够深入人心，是因为其注重 IP 口碑传播的属性。口碑传播越强，品牌效应也就会越大，那么相应的产品营销也会越成功。因此，主播需要像三联书店这个 IP 一样，全力塑造自己的口碑，以求传播得更广。

专家提醒

三联书店作为一个历史悠久的品牌，凭借其"生活·读书·新知"的理念和经营多年积累的口碑，已经将各种商业活动拓展开来，现如今人们一提到书店，脑海里总会想起"三联书店"。

1.1.2　内容属性：IP 优质且有价值

如果一个 IP 想要吸引更多平台的用户，就应该打造优质并且真正有价值的内容。优质且有价值的内容作为 IP 的一个必不可少的内容属性，究竟包含了哪些特征呢？

在如今这个"营销当道"的社会，内容的重要性是不言而喻的。随着时代的发展，平台越来越多样化，从微博到微信公众号再到抖音、快手，内容生产者的自由度也越来越高，他们拥有更多的机会生产碎片化的内容，因此各新媒体平台的内容也开始变得个性十足。如图 1-5 所示，这是微信公众号的内容列表。

图 1-5　微信公众号的内容列表

面对如此繁杂的信息内容，用户不免会产生审美和选择疲劳。那么，该如何吸引用户的眼球呢？这时候，就需要内容生产者时刻把握市场动态，关注用户需求，然后制造出相应的内容，打造出一个强大的 IP。

在这方面，周大福珠宝为我们做出了一个良好的典范。2021 年 4 月 15 日，周大福推出了故宫系列珠宝首饰。如图 1-6 所示，这是周大福在其微信公众号上发表的一篇文章——《故宫文化珠宝｜弄妆记（一）》的部分内容。

在这篇微信公众号推文中，周大福珠宝将"故宫"这一大 IP 与自身产品结合起来，以故宫为主题设计珠宝，可谓是给产品锦上添花。这启示主播，如果想要成为一个强大的 IP 主体，就要积极地模仿和学习企业认知 IP 内容属性的方法，既努力迎合市场需求，又抓住了大众的心理，创造出一个优质且有价值的内容。

内容属性与年轻群体的追求密不可分。从某种程度上讲，一个 IP 是否强大，主要看它塑造出来的内容是否符合年轻人的喜好。

例如，火遍世界各地的李子柒就是这样一个超级大 IP。在她所发布的视频中，恬淡、宁静的田园生活使得不少年轻人心生向往。

2021 年 2 月 10 日，李子柒发布了一条关于新年制作传统年货的视频，在视频中展现了瓜子、花生、糖葫芦、馓子、虾片这些传统食物的做法。

图 1-6　周大福微信公众号中的内容

李子柒独特的拍摄方式，使视频中既有浓浓的年味儿，又有诗情画意的田园生活，吸引了众多用户的关注，这条微博视频也获得了 50 多万的点赞量。如图 1-7 所示，这是李子柒微博账号发布的视频。

图 1-7　李子柒微博账号发布的视频

总之，成为一个强大的 IP 不仅要注重内容的质量，其内容还要无限贴近年轻人的追求。主播也是如此，发布的内容要优质且有价值才能吸引广大年轻群体的目光。

1.1.3　情感属性：IP 引起情感共鸣

一个 IP 能够引起人们情感共鸣的情感属性，能够唤起人们心中相似的情感经历，才能得到人们的广泛认可。主播如果能利用这种特殊的情感属性，那么将会受到更多用户的追捧和认同。

例如，2021年2月18日，青年励志综艺《青春有你3》在爱奇艺平台隆重开播，在第一期播出后获得了广泛好评，并在网络上引起了网友的热烈讨论。如图1-8所示，这是 #青春有你3# 微博话题的界面。

图1-8 #青春有你3# 微博话题

《青春有你3》凭借真实感、粉丝与偶像互动以及强大的明星导师阵容，使得这一综艺节目的微博话题一度收获700多亿的阅读量。而这档节目也因为带有粉丝为偶像"打投"、送自己心仪的偶像"出道"这一特殊的情感属性，迅速地成为一个超级 IP。

蒙牛真果粒早在《青春有你3》开播前就抓住机遇成为节目的赞助商，在广告植入方面，蒙牛真果粒可以说是"软硬兼施"。它不仅在节目播出之前就进行广告插播，直接展示产品的食用口感和企业形象，还在节目中不露痕迹地植入了蒙牛真果粒的产品。

专家提醒

蒙牛真果粒与《青春有你3》的合作是基于双方共同利益的，同时也是基于两者情感观念的一致性。

蒙牛真果粒这一产品的目标消费者就是年轻人，而《青春有你3》吸引的观众也都是年轻群体，因此，蒙牛真果粒赞助《青春有你3》这一选秀综艺节目，最终会获得一种互惠互利的双赢结果。

例如，《青春有你 3》节目中有这样一个画面，某位选手在听见自己的排名后，激动地将蒙牛真果粒洒在了地上，又蹲下来擦干净地面。

蒙牛真果粒选择这种 IP 情感的战略是无比明智的，只有与有相同情感诉求的品牌、企业合作，才能将情感属性放大，引发用户情感共鸣，促进 IP 品牌营销，拓宽发展空间。主播也应具备这种情感属性，找到自己的特质，让用户寻得情感共鸣和归属感。

1.1.4　粉丝属性：IP 粉丝黏性极强

"粉丝"这一名词相信大家都不会陌生。作为互联网营销中的一个热门词汇，它向我们展示了粉丝支撑起来的强大 IP 营销力量。可以说，IP 就是由粉丝孵化而来的。没有粉丝，也就没有 IP。

哪个行业的粉丝数量最为壮观呢？当数影视行业无疑。纵观当下的电视剧，一开播甚至还未开播时就已引起粉丝关注议论，无论是《楚乔传》《夏至未至》《长歌行》《小舍得》《白鹿原》《山海情》等，还是国外的《生活大爆炸》《四重奏》《深夜食堂》等，它们都有一个共同之处——热门 IP。

专家提醒

热门 IP 如何由粉丝孵化而来？以《长歌行》为例，它改编自知名漫画家夏达的同名漫画，这部作品自发表以来就受到国内外众多粉丝的追捧与喜爱，多年来在漫画类书籍的销售排行榜上一直名列前茅。

这样热门的漫画本身就是一个很好的 IP，而且往往会自带粉丝，为电视剧的营销作了良好的铺垫。

热门 IP 的自带粉丝属性，能给营销带来无可比拟的便利效果。如图 1-9 所示，这是《长歌行》在"有妖气漫画"的阅读界面，总点击量达 14 亿。这样一个火爆的 IP，使电视剧还没拍就引起了大众的热切关注。

凭借这样热门的 IP，《长歌行》获得了坚实的粉丝基础。而想要进行 IP 营销，则还须与粉丝进行互动，从而让其主动参与到企业的 IP 营销之中。这一点上，《长歌行》在微博上开启话题，引导粉丝进行开放式讨论，形成了强大的宣传效果。如图 1-10 所示，这是《长歌行》在微博上的话题界面。

此外，在播放《长歌行》的腾讯视频平台，还设置了"超前点播"形式，鼓励粉丝与电视剧进行互动，让超前点播的粉丝观众能先人一步了解电视剧情节。如图 1-11 所示，这是腾讯视频的超前点播界面。

图1-9 《长歌行》的漫画阅读界面

图1-10 #电视剧长歌行#微博话题界面

图1-11 《长歌行》的超前点播界面

这些互动将《长歌行》这部剧打造成当时影视行业的焦点，获得了广泛关注。当然，粉丝不仅能为 IP 推广宣传助力，还能将粉丝的力量转变为实实在在的利润，即粉丝盈利。

例如，电视剧《何以笙箫默》的爆火使其成为一个强大的 IP，于是该剧的播放平台东方卫视与天猫电商强强联手，达成跨界合作，玩转 T2O（TV to Online，电视到在线）模式。粉丝只需在观看电视剧时，打开手机天猫客户端，轻轻一扫东方卫视的台标，就可以进入电视剧的互动页面，随即便可购买《何以笙箫默》中的同款产品。如图 1-12 所示，这是《何以笙箫默》主演同款产品的天猫链接界面。

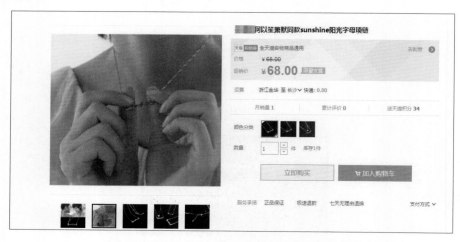

图 1-12 《何以笙箫默》主演同款产品的天猫链接界面

这样的合作方式为《何以笙箫默》和天猫都带来了巨大的经济效益，而《何以笙箫默》的 IP 营销也因此大获成功，粉丝盈利得以实现。电视剧《何以笙箫默》与天猫有着类似的受众群，因此给双方都带来了巨大的粉丝量。粉丝转变成消费者，其潜在购买力被激发，转变为看得见的利润。

粉丝属性是 IP 的重要属性，粉丝不仅能为企业传播和宣传品牌，还能为企业创造利润。主播也应学会经营粉丝，这样才能成为一个超级 IP。

1.1.5　前景属性：IP 商业前景良好

一个强大的 IP，必定具备一个良好的商业前景。以电影、电视剧为例，如果一部电影、电视剧要想通过打造成为一个强 IP，就必须为其赋予商业价值，这里的商业价值既包括了 IP 当下的价值，又包括了前景属性。

当然，既然说的是前景属性，那么并非所有的产品在当下都具有商业价值。

企业要懂得挖掘那些有潜力的 IP，打破思维定式，从多方位、多角度进行思考，全力打造符合用户需求的 IP，才会赢得 IP 带来的人气，从而获取大量利润。主播同样也要学会长远规划，看准发展方向，拓宽发展空间，才能成为一个强IP。

除此之外，伴随性也是一个好的 IP 不可或缺的特征。何谓伴随性？简单地说，就是陪伴成长。打个比方，如果用户面前有两个产品供其选择，价格相等的情况下，他们是会选择自己小时候用过的产品，还是选择长大后才知道的？相信大多数用户都会选择从小用到大的产品，因为那是陪伴他们一起长大的，其中承载了成长的点滴。

例如，日本动画片《名侦探柯南》已经诞生几十年了，但相关的动画片还是在播放，火热程度依然不减当年。如图 1-13 所示，这是在 2021 年 4 月 17 日首映的电影《名侦探柯南：绯色的子弹》的豆瓣评分界面。

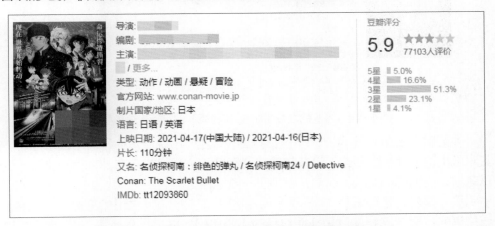

图 1-13　《名侦探柯南：绯色的子弹》的豆瓣评分界面

因此，一个 IP 的伴随性也直接体现了其前景性。如果 IP 伴随着一代又一代的人成长，那么它就会打破时间和空间的限制，创造出无穷无尽的商业价值，历久弥新。作为主播，当然也要懂得陪伴的重要性，这样才能成为具有商业价值和市场前景的 IP。

1.1.6　内涵属性：与营销高度契合

一个 IP 的属性除了体现在外部的价值、前景等方面，还有其内在特有的情怀和内涵。内涵包括很多方面，例如积极的人生意义、引发人们思考和追求的情怀以及植入深刻价值观的内涵等。但 IP 最主要的效用还是营销。因此，IP 的内涵属性只有与品牌自身的观念、价值相契合，才能吸引用户的眼球，将产品推销出去。

　　例如，《盗墓笔记》小说就是一个带有超级热点的 IP，凭借跌宕起伏的故事情节和主人公之间的真挚感情成为 IP 中的佼佼者。而在 2020 年，《重启之极海听雷 第一季》就对原小说进行了合理的改编并翻拍，在豆瓣上有 7.2 的高分，让不少小说迷为之痴迷。如图 1-14 所示，这是《重启之极海听雷 第一季》的豆瓣评分界面。

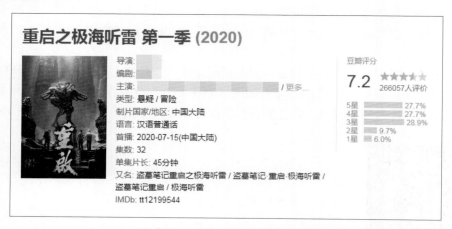

图 1-14　《重启之极海听雷 第一季》的豆瓣评分界面

　　《重启之极海听雷 第一季》这部网剧，专注于小说原本的剧情与故事内涵，又对原小说中没有提到或者没有完善的剧情进行了合理的补充，将更为完整的《盗墓笔记》呈现在广大粉丝面前，获得了一致好评。

　　从《重启之极海听雷 第一季》网剧的 IP 营销中可以看出，在进行 IP 改编或营销的过程中，要注重呈现原作品的核心思想，并将自身特质与 IP 结合，这样才能让 IP 营销实现利益最大化。主播也是一样，只有将自身的闪光点与品牌结合起来，才能成为一个强 IP。

专家提醒

　　丰富 IP 内涵，需要企业将主要精力放在内容的制作上，而不是单纯地追求利益最大化，急功近利是打造 IP 的大忌。只有用心，才会使用户投入其中，从而彰显出 IP 的内在价值。

1.1.7　故事属性：IP 故事内容丰富

　　故事属性是 IP 吸引用户关注的关键属性，一个好的 IP，必定具有很强的故事性。例如，《疯狂原始人》之所以能成为一个大 IP，其主要原因就在于它故事性强。身处原始社会的咕噜家族面临着逃离洞穴、末日危机等的挑战，在这些挑战中发生的故事搞笑又感人。

如图 1-15 所示，这是《疯狂原始人》大 IP 在 2020 年上映的续作《疯狂原始人 2》的豆瓣评分界面。

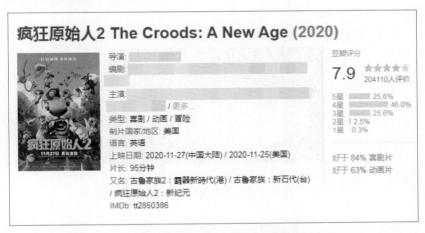

图 1-15 《疯狂原始人 2》的豆瓣评分界面

不仅如此，随着《疯狂原始人 2》的火热播出，一系列周边产品也相继推出，这个强 IP 的故事属性使得营销变得更加简单。

如果我们仔细分析每一个强 IP，就不难发现其都有一个共同点——故事性强。正是这些 IP 背后的故事，引起了用户的兴趣，或者引发了用户的共鸣，造成了市场轰动的状况。

自《致我们终将逝去的青春》开始，电影界就掀起了一阵"青春校园"的热潮。例如，《匆匆那年》《同桌的你》《左耳》《睡在我上铺的兄弟》……这些年大热的国产青春片，触动了不少人的回忆与怀旧情怀，也占据和吸引了大量的市场和资本。尽管人们对其内容褒贬不一，但还是在票房和影响力上取得了不俗的成绩。这其中的原因就在于这些青春题材的电影故事性强，正好与用户的口味相符。

根据作家刘同的小说《谁的青春不迷茫》改编而成的同名电影赢得了大众的喜爱，因为它保持了对原著的尊重，在挑选演员方面也没有依靠大腕明星吸引观众，而是选择了年轻团队，凭借故事和对青春的怀念来赢得 IP 的成功。如图 1-16 所示，这是电影《谁的青春不迷茫》的微博话题界面。

青春时代承载了人们太多美好的回忆，也累积了很多有趣的故事。长大成人之后很少能拥有那份纯真，所以这也是青春电影受到市场追捧的原因。

好的故事总是招人喜欢的，在 IP 的这种故事属性中，故事内容的丰富性是重中之重。对于主播来说，如果你有好的故事，就一定能吸引用户的兴趣。没有好的故事，那只会火热一时，最终成为过眼云烟，被用户遗忘。

图 1-16　电影《谁的青春不迷茫》的微博话题界面

1.2　IP 特点：打造人物 IP

事实上，打造人物 IP 最重要的还是要塑造其内容，因为能够吸引粉丝的必然是优质的内容。那些能够沉淀大量粉丝的人物 IP 除了拥有优质的内容，还拥有一些特殊的共性，本节将进行具体分析。

1.2.1　兴起溯源：社交网络媒体发展

人物 IP 的兴起并不是偶然现象，而是社交网络媒体发展过程中的一种新产品，其中"网红"就是最直接的体现，网红们也因此成了最大的受益者。

例如，新浪微博 2020 年的广告与营销收入约占总收入的 84%，新浪微博也从中看到新的商机，因此重点打造了"红人淘"移动平台，以社交电商模式将强大的社交关系实现盈利。

"红人淘"是新浪微博与淘宝合作推出的移动产品，实现了红人经济与电商平台的结合，其中，淘宝带来了庞大的商品库，而微博则提供了优质的内容，从而将"红人淘"打造成为一个有价值的购物社区和分享平台。同时，平台还基于红人经济推出了内容合作模式，只要创业者有独创的、拥有版权的内容，或者丰富的导购经验，擅长搭配美妆、有个性、有品位等，即可加盟"红人淘"平台。

从目前来说，正是微博、微信等社交网络媒体的环境迭代催生了网红，同时也刮起了 IP 营销风潮。那些被粉丝追逐的人物 IP，他们在社交网络媒体上都拥有良好的用户基础，所以才能取得好的成绩，尤其是一些热点 IP，更是成为内容营销的争抢目标。

如图 1-17 所示，这是出现于社交网络媒体的人物 IP 的主要特点。

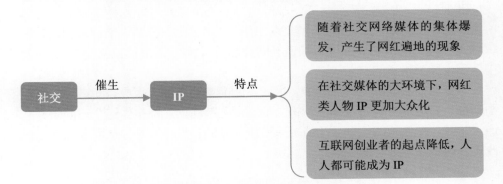

图 1-17　出现于社交网络媒体的人物 IP 的主要特点

社交网络媒体的流行，尤其是移动社交平台的火爆，让很多能够创造优质内容的互联网创业者成为自媒体网红，这一趋势还将进一步扩大。

1.2.2　商业考量：流量盈利能力较强

人物 IP 要想获得真正的成功，还有一个重要的考量就是"盈利"能力。一个新媒体主播即使具备再强的实力，若没有赚到一分钱，那么他的价值也就没有得到真正的体现。

如今，IP 的盈利方式越来越多，如拍广告、做游戏、拍电影、开直播、做社群盈利、开网店、卖会员以及提供其他商业服务等。

例如，网易游戏借助《阴阳师》这一大 IP 推出的同名手游（注：手机游戏可简称手游），将和风元素应用于手机游戏中。一般来说，手游的生命周期都比较短，但《阴阳师》借助独特的画面和游戏模式，直到 2020 年上半年，《阴阳师》手游上市四年后，其流水依然有 23.2 亿元，并在手游市场占据主导地位。

由此可见，IP 只有具备较强的商业盈利能力，才能获得真正的互联网和粉丝经济的红利。

1.2.3　生产要求：年轻有个性的内容

打造人物 IP 有一个重要条件，即创造出更年轻、更具有个性化的内容。要创作出与众不同的内容，虽然不要求创作者有多高的学历，但至少要能展现出与众不同的价值。从某种角度来看，读书和阅历的多少，直接决定了创作者的内容创造水平。

例如，根据知名网络小说《鬼吹灯》拍摄的电视剧，也俘获了一批粉丝而成为超级 IP，这也是其内容的吸引力表现所在。其中，作者用传神的描写，通过一种全新的电视剧方式来展现小说场景，可以勾起粉丝的青春记忆。

2020 年，鬼吹灯系列再添一部网络剧——《鬼吹灯之龙岭迷窟》。这部网络剧取材于《鬼吹灯》小说的上部第二篇，讲述主角一行四人前往陕西龙岭迷窟探寻龙骨异文的故事。通过对知名 IP 的改编，让这部网络剧还没正式上线就获得了不少原著粉丝的密切关注。

总之，在互联网内容创意中，内容不能简单地平铺直叙或自卖自夸，而要用更新颖、有趣的方式进行创意营销。仙剑系列产品显然都是做这个方面研究的，通过片花、预告片的传播互动情况来分析受众的类型与喜好，从而在内容上进行改进，这也是其成功的要点之一。

1.2.4 传播范围：跨越平台延伸领域

在进行内容传播时，主播切不可只依赖单一的平台，在互联网中讲究的是"泛娱乐"战略，主播或企业可以 IP 为核心，将内容向游戏、文学、音乐、影视等互联网产业延伸，用 IP 连接和聚合粉丝情感。

企业可以借助各种新媒体平台，与粉丝真正建立联系，同时，这些新媒体还具有互动性和不受时间、空间限制等特点。

1.2.5 思想定位：明确的核心价值观

要想成为超级 IP，首先需要主播具有一个明确的定位，即作为主播能为自己的受众带来什么价值。

例如，2020 年问世的电影《花木兰》是迪士尼公司结合中国古代传说，对之进行合理改编所推出的史诗电影。《花木兰》的推出让全世界的人们都记住了花木兰这一巾帼英雄。另外，由影视剧衍生的花木兰手办、玩具等产品也得到了火爆销售。

当然，迪士尼公司的精心策划是《花木兰》获得成功的主要原因之一，但更多的原因是《花木兰》的 IP 抓住了差异化定位，有明确的核心价值观，那就是在广泛的观影人群中塑造一个英雄式的强势 IP。

总之，直播机构在打造 IP 的时候，只有对自身内容有一个明确的定位，才能打造出吸引观众的强大 IP。

1.2.6 运营诀窍：节目内容的频次高

如今，大部分的超级 IP 都经营了三年以上，正是其连续性、高频次的内容输出，才抓住了这样的机会。

例如，有一个十分火爆的漫画 IP——《吾皇万睡》，就是通过多年来持续地为读者输出暖心搞笑的小漫画，吸引了数千万的粉丝。

《吾皇万睡》坚持内容为王，借助可爱清新的画风与温暖的故事，为读者展现了人与动物和谐相处的日常生活，并且这一漫画的作者长期坚持在微信公众号上发布多格长条形漫画（可简称条漫），拥有许多粉丝。

1.2.7　培养目标：人格化的偶像气质

在打造人物 IP 的过程中，主播需要培养自身的正能量和亲和力，可以将一些正面、时尚的内容以比较温暖的形式第一时间传递给粉丝，让他们信任主播，并在他们心中产生一种人格化的偶像气质。有人说，在过分追求"颜值"的年代，"主要看气质"的流行蕴含着"正能量"。

不过，对于互联网创业者来说，要想达到气质偶像的级别，首先还是要培养人格化的魅力，用人格化的偶像气质吸粉，更能增加粉丝的凝聚力和生命活力。笔者认为，可以从三个方面塑造人格化魅力，如图 1-18 所示。

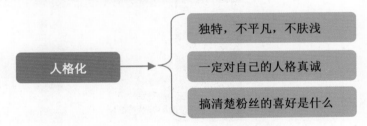

图 1-18　塑造人格化魅力的三个方面

俗话说"小胜在于技巧，中胜在于实力，大胜在于人格"，在互联网中这句话同样有分量，那些超级 IP 之所以能受到欢迎、接纳，其实是因为其具备了优秀的人格。

1.3　输出：IP 的产业链

从 YY 开始直播之路至今，直播市场已经得到了十几年的发展，尤其是2013 年的游戏直播兴起，互联网上涌现了一大批直播平台。如今，直播行业进入发展的高峰期，同时直播主播类人物 IP 也正式形成了一套完善的输出产业链。

1.3.1　主播打造：才艺与平台是关键

要想成为直播主播，首先需要有一技之长，这样才能吸引网友关注。例如，曾经的"斗鱼一姐"就是依靠唱歌这门才艺，从网红成长为"真正的歌手"的。

最开始，这位主播就是通过直播来吸引粉丝关注，得到一定的粉丝数量后便开始发表个人原创专辑。

当然，主播除了自己拥有才艺内容外，还需要直播平台的扶持，才能完成从网红到网红经济的跨越，实现其 IP 价值。打造网红主播的平台主要包括社交平台、网红经纪公司、供应链生产商或平台。

（1）社交平台：在社交平台上，主播可以利用其特殊才能再次吸引粉丝关注，获得更多流量。例如，作为移动设计平台"领导者"的手机微信也在一级菜单中推出"直播"入口，如图 1-19 所示。

图 1-19　手机微信的"直播"功能

（2）网红经纪公司：网红经纪公司通过挖掘并签约潜力网红，维护网红的社交平台，对接网红供应链渠道，提供电商店铺的运营，帮助其实现粉丝盈利，并从中抽取提成。

（3）供应链生产商或平台：时尚性和独特性是供应链生产商或平台的主要特征，它们可以对接下游消费者的需求，做到随时生产和发货。

与此同时，这些平台也在相互渗透。可以发现，如今直播已经成为继 QQ、微博、微信等社交平台领域的互联网流量中心，主播强大的粉丝黏性将为这些供应链平台带来更多的价值。

1.3.2　公会扶持：强 IP 带来新生态

几乎在所有的直播平台中，主播都会加入一个公会，而且这些公会通常会从主播收入中获得一定比例的抽成。公会在直播行业的供应链中占据很重要的地位，它们不但控制了下游的主播，而且还拥有强大的营销、市场、传播、技术等能力。如图 1-20 所示，这是 YY 直播平台上的一些大公会。

图 1-20　YY 直播平台上的一些大公会

尤其是在以主播为内容本身的秀场直播中，公会对于平台的价值非常大，它们管理着大批的优质主播，而且也不断向平台输送内容，如图 1-21 所示。

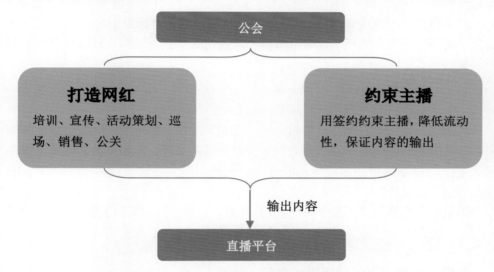

图 1-21　公会对直播供应链的作用

其实，公会本质上就是一个小型的经纪公司，并且构建了主播的三级经济链条。对于那些拥有高质量内容，而且直播时间比较稳定的主播，公会会进行推荐，以进一步宣传运营。

公会与经纪公司的目的是一致的，它们都是为了向直播行业输送优质 IP，不断培养优秀的内容创作者，打造娱乐新生态。

1.3.3　平台吸引：产业链构建新模式

好的直播平台可以快速吸引主播入驻，同时这些主播也能为平台带来更多的用户和收入，两者之间的关系如图 1-22 所示。

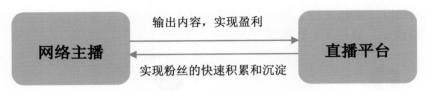

图 1-22　主播与平台的关系

各种直播平台的出现也让 IP 争夺越来越激烈，而且很多平台开始借势电视剧、电影、综艺等热门 IP，帮助平台吸引更多新用户。例如，每年的春节联欢晚会，不仅在各电视台同步直播，也在各直播 App 上同步直播。

同时，在各种直播平台上，用户不但可以看到熟悉的网红主播，还能看到很多明星艺人的直播。这些影视综艺 IP 与直播平台的合作，对于双方来说是一件互惠互利的事情。

对于直播平台来说，主播、明星、企业等 IP 都拥有自身的定位和功能，通过自上而下在平台上的结合，可以形成一条完整的产业链结构，并逐渐形成一种新的商业模式。

1.4　掘金：IP 的取胜之道

网络红人强大的影响力、号召力使"红人"成为一种新的经济模式，在各种内容形式的网红带动下，IP 逐渐在摆脱文娱产业的束缚，比如钟表老师傅王津，就因专业的古董修复技术成为网络红人。由此可见，在红人经济的带动下，IP 开始向整个经济市场扩展。

本节将介绍红人经济掘金 IP 的取胜之道，分析主播应该具备的能力。

1.4.1　定位 + 预测：数据分析能力

首先，主播如果想要吸引用户关注，就需要具备一定的大数据分析能力。各种数据的主要功能如下：

- 关注量与订阅用户数量等数据说明主播的内容被多少人推送。
- 阅读量可以体现主播的文章标题是否具有吸引力。
- 转载量可以体现内容质量的优劣。
- 新增的关注与订阅人数则说明了持续输出的内容是否有价值。
- 用户转化比例数据可以体现主播推广的商品解决用户的需求程度、营销活动的吸引力程度，同时还可以反映产品与关注用户是否精准匹配。

主播进行直播和积攒人气需要数据来作为支撑。例如，被称为"数据模型下的神奇预言家"的大卫·罗斯柴尔德（David Rothschild），就曾运用大数据分析技术成功预测出 24 个奥斯卡奖项中的 21 个，准确率高达 87.5%。同样，主播运用大数据来分析直播内容、粉丝等数据，实现更精准的内容准备和营销。

1.4.2 社交＋平台：运营维护能力

社交平台是在互联网中获得粉丝的关键阵地，对于主播来说，还需要掌握社交平台的运营维护能力。

总之，只有运营好微信、微博、QQ 等社交平台，抖音、快手等社交类短视频平台，才能更好地实现商业盈利。主播可以在社交平台上与粉丝进行沟通和交流，并利用他们感兴趣的内容来增强粉丝黏性，从而为盈利打下基础。

1.4.3 服务＋新品：设计能力

为了迎合互联网粉丝的喜好，尤其是数量庞大的"90 后""00 后"用户，主播和企业还需要掌握极强的新产品或服务设计能力。例如，在如今的社交媒体有一个十分个性的表情包——"长草颜团子"（如图 1-23 所示），就因为"萌"这个特点受到年轻粉丝的喜爱。

图 1-23 "长草颜团子"表情包

其实，"长草颜团子"最开始只是一个简单的绘本，但借助优质的内容以及符合粉丝欣赏水平的设计，赢得了大量的粉丝，最终成为比较优质的大 IP。另外，内容创新也是"长草颜团子"的一大特色，并且通过绘本、视频、表情包、壁纸以及周边商品等多种形式来传播。

专家提醒

"长草颜团子"之所以能取得成功，最主要的是因为它的外表设计和用户定位。设计者赋予了"长草颜团子"十分可爱的形象，并将用户锁定在年轻的学生和女性白领群体，使其得到了很快的传播。

目前，"长草颜团子"在各类社交、博客平台的粉丝累计也已近千万。"长草颜团子"推出的产品都是以互联网为基础，使用碎片化的内容来潜移默化地影响粉丝，加强"长草颜团子"在他们心中的品牌烙印。

从"长草颜团子"的成长之路中可以发现，互联网内容需要迎合粉丝进行设计，这也是塑造超级 IP 的基础。

1.4.4　灵活 + 供应链：支持能力

供应链是一个比较完整的体系，互联网内容创业的供应链包括内容策划、内容生产、内容传播的渠道、内容盈利的形式、内容的销售渠道以及内容的二次销售等，如果创作者只会策划制作内容，而不会将其传播到互联网中，那么基本上都是白搭，因为粉丝根本看不到你的东西。

主播或企业可以灵活运用供应链组织能力，将供应链中的采购、生产、设计、物流等服务进一步完善，通过实体生产互联网中宣传的产品，然后利用软件平台整合上下游资源。

在红人经济的供应链中，上游的造星环节、中游的引流推广以及下游的盈利渠道都在不断地横向延伸和扩展，同时还引起了资本的关注与投入。

因此，企业最后还需要掌握灵活的供应链，这样才能有动力和经济基础去持续输出优质内容。如图 1-24 所示，这是红人经济产业的供应链，包括上游、中游、下游三个层面及其主要平台。

专家提醒

可以说，网红就是某种意义上的明星，网红本身的 IP 可以让粉丝转化为购买力，同时他们还可以向自己的粉丝进行垂直营销，进一步强化自身的盈利能力。

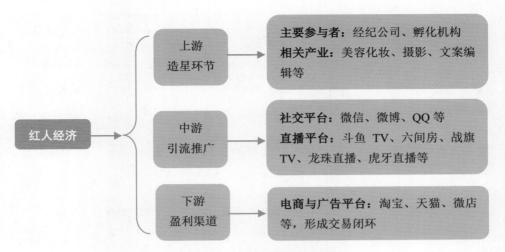

图1-24　红人经济产业的供应链

网络红人自带强大的流量属性，在他们的高额销量以及融资数据背后，其实正是产业链中游的社交平台和直播平台上的千万量级的粉丝。

网红是互联网产业的典型内容创业者，他们通过原创的优质内容来扩大自己的影响力，吸引并聚集大量粉丝，形成品牌IP，这也符合我国"互联网＋万众创新"的发展要求，其供应链的发展也带动了其他周边行业的变革。

1.4.5　粉丝＋经济：运营能力

如今，市场经济已经从"得传播路径者得天下"转变为"得粉丝拥护者得天下"的时代，这一切都是互联网发展带来的结果。它彻底打破了以往封闭的经济模式，形成了一个新的、开放的、"用户为王"的经济时代。

在互联网时代，很多IP都拥有自己的"顾客"，而优秀的IP拥有的是"用户"，爆款IP则拥有众多会为自己说话的"粉丝"，这些粉丝就是IP衍生产品或品牌最好的代言人。因此，要想成为一个超级IP，创业者或企业还需要掌握强大的粉丝运营能力。

在整个IP粉丝运营的流程中，如何提升粉丝活跃性，让粉丝参与内容互动是粉丝运营的重中之重。

下面笔者为大家介绍一些技巧，如图1-25所示。

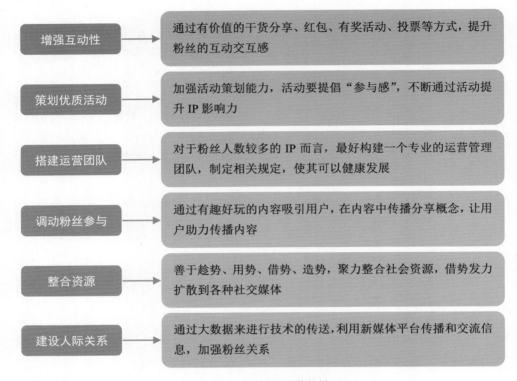

图 1-25　IP 粉丝运营的技巧

1.4.6　持续＋优质内容：创作能力

IP 的营销盈利有许多种形式，如电影、电视剧、游戏、演唱、体育、动漫等，主播只要找到了其中的一个内容作为切入点，并使其形成某种品牌价值，就可以带来 IP 的力量。

一个好故事、一条有号召力的帖子、一篇充满感情的博文，这些都是主播或企业在互联网 IP 大战中制胜的内容"法宝"，而且通过这些内容可以让主播或企业在零成本的情况下获得更多利益。

通过输出这种持续性强的故事内容，让用户对故事中提出的建议难以抗拒，再加上适当的内容传播，就能让主播或企业获得更多渠道的销售利润。而对于这些符合用户需求的优质内容，就能使之有机会成为一个优秀的 IP。相反，如果没有内容，而只是一味地宣传、促销，那么即便可以达到一时的销售目标，也终究会脱离用户群体。

例如，papi 酱就是一位十分具有创作能力的网红，她的视频并没有一味地搞笑，而是在幽默中讽刺某些社会现象，引发观众思考，从而拥有了大量粉丝。

1.4.7 明星＋新媒体："泛娱乐"能力

网红逐渐向明星开始转变已经是不争的事实，而明星也正在"网红化"。明星通过互联网的各种新媒体平台，也变得越来越接地气，学会了利用互联网来获得粉丝、经营粉丝，扩展自己的盈利能力。

例如，在现在全球最大的短视频平台——抖音上，有许多明星都开通了抖音账号，在上面发布短视频作品，有的还通过抖音进行直播，保持与粉丝的互动。那么抖音的"泛娱乐"化战略到底是怎样的呢？下面笔者将对其进行具体介绍，如图 1-26 所示。

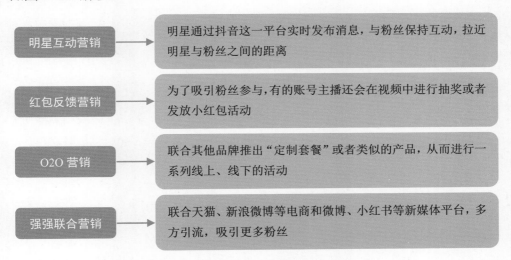

图 1-26 抖音的"泛娱乐"化战略

从抖音的"泛娱乐"化 IP 战略可以看出，一个企业在打造 IP 时，可以联合明星来包装 IP，借助他们的影响力来宣传造势。

当然，选择明星时不能太盲目，应根据企业 IP 的自身条件和特点来选择，而且要选择具有正面积极影响力的明星，只有这样才能真正拉动提升商品销量。

第2章
主播塑造：培育优质主播

学前提示

不管在什么行业、做什么工作，要想获得成功、成为专业人士，都要培养各种能力。很多人认为直播就是在摄像头面前和用户聊天，这是大错特错的。要想成为一名专业的主播，应该培育各方面能力，如专业能力、语言能力、幽默技巧、应对提问的能力、心理素质等。

要点展示

- 形象：吸粉首要法宝
- 心理：应对突发情况
- 运营：打造巨大流量
- 互动：提高直播人气

2.1 形象：吸粉首要法宝

在从事直播销售工作时，主播要怎么提升自己的专业形象？怎么判断自身的形象是否达标？又该如何了解自己的带货能力是否达到了水平线呢？下面笔者将对这些问题作出解答。

2.1.1 形象达标：好的形象更能吸粉

主播的类型多种多样，各种风格都有，当选择做一名主播时，首先要确定好自己的直播形象和风格，这对于直播之路来说，是关键的一步。它相当于用户对主播的"第一印象"，因此建议主播尽早地确定自己的直播形象和风格。

新人主播可以从一些基础的筛选标准上来了解自身的直播形象，或者根据这些方向，主动让自己更加贴近自身要塑造的形象。下面将从 4 个方向来分析，帮助主播形成适合自己的直播风格，如图 2-1 所示。

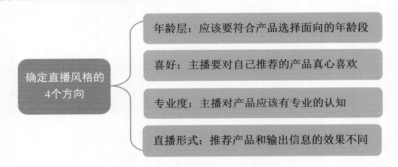

图 2-1　确定直播风格的 4 个方向

1．年龄层

主播的年龄、形象要和产品面向的消费者年龄段相符合，这样主播在推荐产品时，才会起到非常好的宣传效果。

例如，年轻的女主播可以在直播间推荐一些时尚化妆品、时尚首饰；妈妈级别的主播推荐婴幼儿用品则会非常适合；喜欢养生的中年主播则可以推荐一些茶具用品之类的产品。这样可以吸引同年龄层观众的目光，让他们产生兴趣，使其愿意在直播间停留；同时可以让直播获得更多精准的流量，从而有效地提高产品的转化率。此外，这也有利于对直播间的用户进行分类，让主播根据用户群体来推荐产品。

如图 2-2 所示，这是服装主播推荐与其年龄层相贴近的产品。推荐和主播年龄层相近的产品，能更好地吸引观众的注意，不会因为主播与产品不符而产生违和感，从而能更好地进行产品销售。

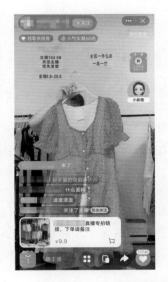

图 2-2　服装主播推荐与其年龄层相贴近的产品

2．喜好

"喜好"这一标准的要求非常简单，就是主播要真心喜欢自己推荐的产品。主播对产品的喜欢，是会自然而然地表现在面部表情和肢体行为上的，而这些屏幕前的用户在观看直播的过程中是能够明显察觉到的。

如果主播自己都不喜欢自己推荐的产品，那么也很难引导用户进行购买，这样对于提高产品的转化率是很不利的。

3．专业度

主播自身的专业度也会影响产品的转化率。以服装直播销售为例，主播需要掌握一些基础的服装知识，同时全面掌握产品的相关信息。这样在面对用户提出的问题时，才能游刃有余地进行回应。

对于商家提供的产品，主播更加需要去了解产品的功能和价格，并以此作为卖点。功能卖点就是这件产品的优势和特点，而价格卖点则涵盖了产品的营销策略和价格优势等。

了解分析出产品的这两大卖点，可以帮助主播在直播销售时更加吸引和打动用户，从而大大提高产品的转化率。

4．直播形式

直播的形式主要分为两种，一种是推荐产品，另一种是为观众输出信息，如

图 2-3 所示。

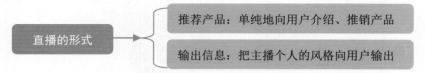

图 2-3 直播的两种形式

　　直播的形式取决于主播在直播时是希望单纯推荐产品，还是选择输出信息。选择直接推荐产品，可以提高产品的曝光率，这对于产品的转化是有帮助的。而如果选择输出信息，那么产品的转化率可能就会比较低。

　　输出信息属于塑造主播形象和个人直播风格，是建立个人直播特征的必经过程。输出信息的过程是缓慢的，但是可以提高主播的曝光度，而且一旦后期反应不错，还可以让主播拥有不错的直播竞争力。

2.1.2 时尚主播：美妆和服饰不愁销

　　妆容和服饰都是个人形象的一部分，所以许多用户为了打造时尚的形象，会通过直播购买美妆和服饰类产品。而主播要想让这部分用户购买自己推荐的产品，就要学会打造自己的时尚形象，只有这样，用户才会觉得主播的产品足够具有说服力。

　　如图 2-4 所示，这是某服装直播销售的相关画面。用户在看到主播的穿搭效果之后，就会觉得上身效果很好，也会更愿意购买主播推荐的产品。

图 2-4 某服装直播销售的相关画面

2.1.3　技术主播：测评销售数码产品

有的产品是有直播带货门槛的，如果主播不具备相关的专业知识或技术，那么即便竭尽全力地在直播间进行带货，用户也可能不会为之买账。一般来说，数码产品的直播销售便属于此类。

对此，主播需要先打造自己的专业形象，让观众明白主播对这类产品的相关知识和技术都掌握得很好。例如，手机销售类主播可以运营各种新媒体账号，发布手机测评内容，通过日常内容的推送塑造自身的专业形象。

如图 2-5 所示，这是"小白测评"在西瓜视频上发布的手机测评短视频。该主播在自己的短视频账号中发布了大量手机测评短视频，因为这些短视频中对许多手机，特别是新机型进行了详细的测评，所以许多用户看到该主播的短视频之后，都会觉得这位主播在手机领域是十分专业的。因此，当该主播在直播中推荐产品时，对用户而言自然就会多一分信服力。

图 2-5　某主播发布的手机测评短视频

2.1.4　成长策略：将劣势转变为优势

并不是每个主播都拥有良好的先天条件，当主播在某方面存在劣势时，需要懂得将自己的劣势转变为优势。例如，从事服装直播销售的主播，并不是每一位都拥有完美的身材和外貌，那为什么有的主播身材和外貌都不出众，却能拥有一大批粉丝呢？这主要是因为这些主播懂得如何将自己的劣势转变为优势。

虽然与那些颜值主播相比，身材不怎么出众的主播在外在条件上会存在一些劣势，但在现实生活中也并不是人人都拥有完美的身材与长相，所以如果这些主播试穿服装时呈现出来的效果比较好，那么这件衣服的上身效果就会更加具有说服力。在这个时候，主播不出众的身材和外貌就成了一项优势。

例如，有些微胖的主播可以重点进行大码服装的销售，对于有外貌焦虑和身材不那么完美的观众来说，这些主播的试穿会更具备真实性与说服力，微胖的观众会更愿意购买这一类主播推荐的产品。如图 2-6 所示，这是一位微胖主播推荐显瘦服装的界面。

图 2-6　微胖主播推荐显瘦的服装

2.2　心理：应对突发情况

主播在直播的过程中，难免会遇到各种突发状况，这时就非常考验主播的应变能力和心理素质。一般在直播中遇到的突发状况主要有两种，一种是客观发生的，还有一种是主观人为的。接下来，笔者就这两种情况进行具体分析。

2.2.1　客观情况：须沉着理智地应对

具体来说，主播都是通过互联网与用户建立联系的，在直播的过程中需要保持自身网络的畅通，为此必须搭建一个好的网络环境。

但是有时候主播也会因为一些不可抗拒的客观因素而导致直播无法正常继续，比如网络波动、突然停电而断网、设备出现故障等，这些都是客观存在的问题。

面对这些情况时，主播不要惊慌失措，须沉着理智地应对问题，马上重新连接直播，或者在粉丝群告知此次直播中断的原因，并真诚地道歉，同时给予一定的补偿。一般来说，粉丝在得知缘由后就会体谅主播，不会因为这次的小意外而产生不愉快的体验。

2.2.2 主观情况：人为因素需要警惕

直播时由客观因素引发的突发情况发生的概率比较小，相对而言，人为因素导致的主观突发情况则会更加常见。比如一些讨厌主播的用户或恶意竞争的同行，为了干扰主播的正常直播，会故意在直播间和主播唱反调，或者在评论区大肆吐槽主播，破坏直播间的秩序，影响主播的直播节奏。

这类恶意竞争的现象在各个行业都存在，主播需要做的就是一旦在直播间出现这样故意捣乱的人，就迅速作出反应，不能因为这些打乱直播节奏，可以先好言相劝，如果对方不听再将其"踢出"直播间。面对人为因素导致的突发情况，主播要具备良好的心理素质，从容不迫地应对和处理，这样才能使直播继续顺利进行下去，不会影响直播的整体效果。

2.3 运营：打造巨大流量

对于主播来说，直播中的粉丝运营无疑是非常重要的，只有粉丝数量不断增加，和粉丝之间的情感关系越来越好，才能更好地实现盈利，为主播带来更多收益。所以主播要学会系统地运营和管理自己的粉丝，以便获得更多收益。

那么，主播应该如何有效地进行粉丝运营，维护和粉丝之间的关系，增强粉丝的凝聚力和忠诚度呢？具体来说，直播粉丝的运营方法有以下几种。

2.3.1 私域建设：汇聚众多主播粉丝

这一小节，笔者要和大家分享一下未来商业的红利——私域流量池。为什么要分享这个内容呢？因为很多时候主播做运营，更多的只是在做平台的运营，而没有把粉丝给留下来。

不做私域建设会有一个很大的弊端，比如开淘宝店，运营一段时间之后，如果店铺突然被封，或者现有平台不再给予流量支持，那么运营者以前积累起来的用户就都流失了，而这对于主播的直播也是一样的。

私域流量池比较具有私密性。也就是说，在主播的私域流量池里的流量是专属于个人的，别人不能轻易获取。

作为主播，在打造私域流量池的时候，要注意以下几点。

（1）私域流量池是生态化的，要有价值点。价值点就是用户能从主播这里得到的具体价值。

（2）找到产品的核心卖点。不管是做哪种产品，主播都需要找到产品卖点，这样才能实现快速成交，还能让关注这一产品的消费者成为主播的私有流量。

（3）主播的个人魅力。对于直播来说，主播的个人魅力才是快速吸粉涨粉的有力武器。因此，主播一定要清楚自己的个人魅力是什么，并借助个人魅力来实现引流盈利。

（4）做好团队管理。不仅要做好员工的团队管理，还要做好用户和粉丝的管理，主播可以组建相应的 VIP 社群，也可以做标签管理。

2.3.2　公域建设：获得更多曝光机会

除了利用私域流量获得精准粉丝，还有公域流量也不失为一个为主播拉新的好方法。私域流量总归是有限的，但公域流量却能给主播带来更多的曝光机会。

为了提升直播时商品转化的效率，优化用户观看直播时的消费体验，也为了让主播的优质内容覆盖更多的流量场景，淘宝上线了"直播看点"的功能，向所有商家主播和达人主播提供了更好的流量曝光机会。下面，笔者将给大家介绍利用"直播看点"进行直播的相关内容。

1．直播看点的功能

直播看点的功能包括两个方面，一是对主播而言，二是对观众而言。

（1）对主播而言：主播在直播的过程中，在讲解产品卖点之前，需要在中控台点击该宝贝的"标记看点"按钮。而淘宝则会根据主播的打标，生成"直播看点"内容，这样一来，可提高产品下单成交的转化率。

（2）对观众而言：观众在观看直播的过程中，可以根据自己的喜好自由切换至任意宝贝讲解的片段，点击该按钮，即可快速查看主播讲解该宝贝的直播内容，从而对自己心仪的产品拥有更为全面直观的了解，最终选择是否购买，这在很大程度上提升了用户的观看体验感。

2．直播看点的好处

知道了直播看点是什么之后，笔者给大家来分析一下使用直播看点有什么好处，主播和观众为什么要选择使用它，如图 2-7 所示。

使用"直播看点"的好处	会被平台推荐到"所见即所得"模块和主页搜索渠道，获得更多的曝光机会
	在后续推出的营销活动中，其直播间售卖的宝贝有可能会优先展示
	给消费者带来更好的体验，提高成交转化率，为主播带来更多收益

图 2-7　使用"直播看点"的好处

2.3.3　挖掘需求：满足粉丝痛点需求

主播想要巩固粉丝，可以在直播中输出一些有价值的内容。网络时代，文字的真实性越来越受到怀疑，而主打真实的直播就开始流行起来，现如今各大直播平台已经拥有数亿用户群体，其所依靠的就是真实的声音和画面，并以此作为内容载体为粉丝带来价值。

例如，喜马拉雅 FM 的定位就比较成功，它为用户提供了有声小说、相声评书、新闻、音乐、脱口秀、段子笑话、英语、儿歌和儿童故事等多方面内容，满足了不同用户群体的需求。在 App 的功能上，喜马拉雅 FM 也以真实的声音为核心，吸引众多用户的关注。如图 2-8 所示，这是喜马拉雅 FM 的"直播"界面。

图 2-8　喜马拉雅 FM 的"直播"界面

主播的内容营销最重要的一点就是聚焦用户的痛点需求，并为他们带去更有价值的内容。主播在挖掘粉丝需求痛点的过程中要做好三个方面的工作，如图 2-9 所示。

笔者为大家总结了受众普遍存在的五个主要痛点，如图 2-10 所示。

主播在创作内容的过程中，可以以这些痛点为标题，弥补用户在现实生活中的各种心理落差。

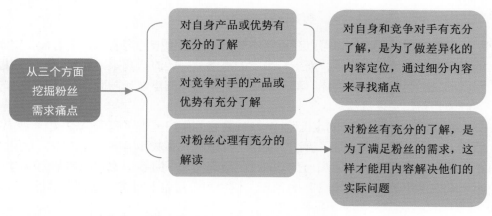

图 2-9　挖掘粉丝需求痛点的三个方面的工作

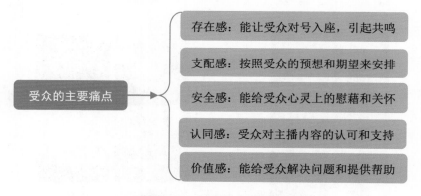

图 2-10　受众的主要痛点

2.3.4　热点事件：将产品与热点结合

在直播营销中，既要抓住产品的特点，又要抓住当下的热点，这样两者相结合才能产生最佳的宣传效果，打造出传播广泛的直播。例如，在 2016 年举办的里约热内卢奥运会期间，各大商家紧紧抓住相关热点，同时结合自家产品的特点进行了别具特色的直播。

一个家具专卖天猫旗舰店的直播紧密围绕"运动"这一热点来展开，其主题就是"家具运动会，全家总动员"。在直播中，主播通过聊奥运热点、趣味事件的方法与用户进行互动，同时始终围绕自家的家具产品，极力推销优势产品。直播如果能够将产品特色与时下热点相结合，就能让用户既对主播的直播全神贯注，又能被直播内容所吸引。如图 2-11 所示，这是 B 站某主播借用"假期"这一热点打造的热门直播界面。

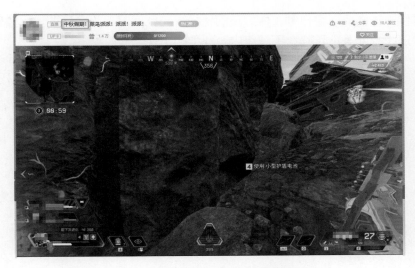

图 2-11 借用"假期"热点的直播内容

2.3.5 粉丝互关：有效增强粉丝黏性

如果用户喜欢某个账号发布的内容，就可能会关注该账号，以方便日后及时查看该账号的直播。关注只是用户表达对主播喜爱的一种方式，并且大部分关注主播的用户也不会要求主播和他进行互相关注。

但是如果用户关注了主播之后，主播也关注了他，那么用户就会觉得自己得到了重视。在这种情况下，那些互相关注的用户成为粉丝后就会更愿意持续关注主播的账号，粉丝黏性自然也就大大增强了。

2.4 互动：提高直播人气

互动是进行粉丝运营的一个主要组成部分，本小节将从三个角度来阐述如何做好粉丝运营，从而提高直播间的人气。

2.4.1 学习规则：了解政策提升效果

所有直播平台都在提倡"绿色直播"，因此主播一定要关注各个平台的直播规则，与平台一起共同维护绿色、健康的网络生态环境。

比如，如果主播是在快手短视频平台进行直播，那么他就需要遵循《快手直播规范》中的相关规则，给观众带来健康向上的直播内容。如图 2-12 所示，这是《快手直播规范》的部分规则。

要提倡文明、健康、正能量的直播环境，拒绝低俗、有伤风化的表演。在直播的时候，主播应以身作则，做好正面榜样。与此同时，平台也要加强监管，杜绝涉嫌违法犯罪等不正确、不健康内容现象的出现。

直播规范

1．用户在使用视频直播服务时，必须向快手提供准确的用户个人资料，如用户提供资料不实，快手有权拒绝提供视频直播服务；如用户个人资料有任何变动，必须及时更新并通知快手进行审核。如因用户提供的个人资料等不实而造成任何损失，由用户自己承担全部责任和损失。

2．用户不得将其账号、密码转让或出借给他人使用。如因黑客行为或用户的保管疏忽导致账号、密码遭他人非法盗取、使用或遭受损失，快手不承担任何责任；如给快手造成损害，则用户应予以赔偿。

3．用户同意快手有权在提供视频直播服务过程中以各种方式投放商业性广告、非商业性广告、其他任何类型的商业信息和非商业信息，用户必须予以配合，且快手无须支付任何对价，但应尽量减小给用户造成的影响。

4．用户在使用视频直播服务过程中有任何不当行为，或违反法律法规和快手的相关运营规则，或侵犯第三方合法权益，都由用户自行承担相应责任，快手无须承担任何责任。如因用户的行为而给快手造成损害的，用户应予以赔偿。

5．用户不得使用直播功能发送或传播敏感信息和违反国家法律制度的信息，包括但不限于下列信息：

图 2-12　《快手直播规范》中的部分规则

针对主播本身，必须具备一定的职业素养和能力，符合直播平台对主播的要求。直播时要严格遵守相应的法律协议。例如，进行网络直播时须符合所在地法律的相关规定，不得以履行协议的名义从事其他违反国家及所在地方法律规定的行为。如图 2-13 所示，这是《淘宝直播平台管理规则》的部分内容。

《淘宝直播平台管理规则》调整如下：

第一章　概述

第一条　【目的及依据】

为维护淘宝直播平台的正常运营秩序，保障淘宝直播平台用户的合法权益，根据《淘宝平台服务协议》《淘宝规则》《天猫规则》《飞猪规则》等相关规则、协议的规定，制定本规则。

第二条　【适用范围】

本规则适用于在淘宝直播平台发布内容的所有用户，包括主播和互动参与用户(统称为"用户")。

第三条　【效力级别】

本规则是《淘宝规则》《天猫规则》《飞猪规则》《阿里创作平台管理规范("微淘号·达人"适用)》的补充规则。《淘宝规则》《天猫规则》《飞猪规则》中已有规定的，从其规定，未有规定或本规则有特殊规定的，按照本规则执行。

第二章　准入

第四条　【入驻】

(一)主播

1、淘宝网用户须同时满足以下条件，方可申请达人主播：

(1)已入驻阿里创作平台成为达人，且账户状态正常；

(2)具备一定的主播素质和能力；

图 2-13　《淘宝直播平台管理规则》的部分内容

2.4.2　努力掌握：提高直播人气技巧

不管是什么类型的直播，也不管是在哪个平台进行的直播，主播都需要掌握提高直播间人气的技巧，这是为主播后续直播的开展以及流量的盈利打造基石，下面笔者总结了五点提高直播间人气的技巧，如图 2-14 所示。

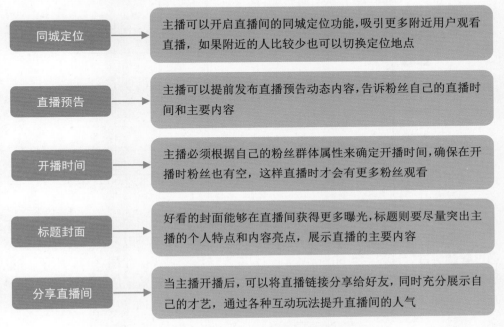

| 同城定位 | 主播可以开启直播间的同城定位功能，吸引更多附近用户观看直播，如果附近的人比较少也可以切换定位地点 |

| 直播预告 | 主播可以提前发布直播预告动态内容，告诉粉丝自己的直播时间和主要内容 |

| 开播时间 | 主播必须根据自己的粉丝群体属性来确定开播时间，确保在开播时粉丝也有空，这样直播时才会有更多粉丝观看 |

| 标题封面 | 好看的封面能够在直播间获得更多曝光，标题则要尽量突出主播的个人特点和内容亮点，展示直播的主要内容 |

| 分享直播间 | 当主播开播后，可以将直播链接分享给好友，同时充分展示自己的才艺，通过各种互动玩法提升直播间的人气 |

图 2-14　让主播在直播间人气暴涨的技巧

2.4.3　细心分类：细化标签打造差异

细化用户标签主要体现为对用户进行分类，比如说对用户进行分级。如图 2-15 所示，这是用户分层的方式。

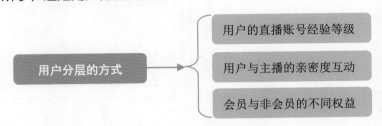

用户分层的方式
- 用户的直播账号经验等级
- 用户与主播的亲密度互动
- 会员与非会员的不同权益

图 2-15　用户分层的方式

直播平台根据用户观看直播经验可以设置用户的经验等级，依照经验等级的高低可以设置不同的权限。下面将以哔哩哔哩（bilibili）平台（B 站）为例，对细化直播用户标签的方法进行说明。如图 2-16 所示，这是哔哩哔哩会员不同等级的权限介绍。

特权与等级	Lv0	Lv1	Lv2	Lv3	Lv4	Lv5	Lv6
滚动弹幕	×	√	√	√	√	√	√
彩色弹幕	×	×	√	√	√	√	√
高级弹幕	×	×	√	√	√	√	√
顶部弹幕	×	×	√	√	√	√	√
底部弹幕	×	×	√	√	√	√	√
视频评论	×	√	√	√	√	√	√
视频投稿	×	√	√	√	√	√	√
购买邀请码	×	×	×	×	×	1个/月	2个/月

图 2-16　哔哩哔哩会员不同等级的权限介绍

对于哔哩哔哩的用户来说，在刚刚注册成功时，是不可以发送弹幕的，需要通过答题测试，通过后可成为 Lv1，但只能发送滚动弹幕。如图 2-17 所示，这是哔哩哔哩前三个会员等级详情说明。当然，平台也会设置相应的提升经验值的方式，如图 2-18 所示。

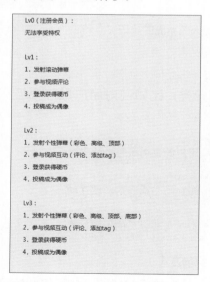

图 2-17　会员等级详情说明

图 2-18　哔哩哔哩经验值增长方式

用户与主播亲密的互动值也会设置相应的等级划分，如根据其打赏金额数值进行守护等级设置，不同的等级在直播间拥有不同特权。用户在直播间的等级越高，享受的特权就越多；用户等级越低，享受的特权也就越少。如图 2-19 所示，这是虎牙平台主播守护等级说明。

1、成为TA的守护者，你将享有以下特权哦：

守护等级与特权	守护等级 V0	守护等级 V1-V11	守护等级 V12-V519	守护等级 V520+
尊贵专属贵宾席	✓	✓	✓	✓
守护者专属图标				
每日进入直播间领取银豆	✗	5000 银豆	10000 银豆	10000 银豆

1）若守护到期前没有续费，则直接失去守护身份，再次开通守护将按首次开通计算；

2）守护等级只会增加，不会降低，若守护到期前进行续费，则看剩余的守护时长，如果续费后剩余守护时长小于当前守护等级，则显示当前等级，如果续费后剩余守护时长大于当前守护等级则显示续费后的等级。

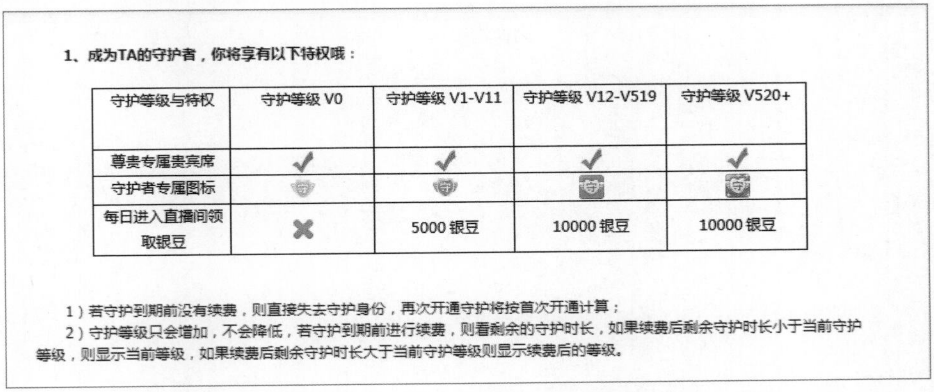

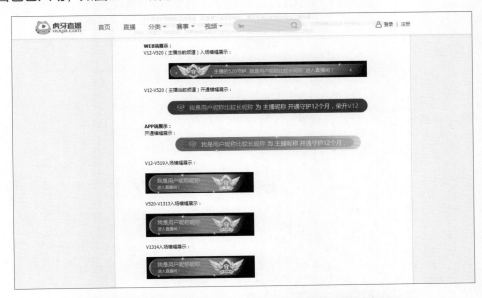

图 2-19　虎牙平台主播守护等级说明

当用户在主播直播间的守护等级达到 V12 之后，就可以选择设置自己进入主播直播间时的横幅展示，通过刷屏的横幅和夸张的特效来提示主播和其他用户自己已入场，如图 2-20 所示。

图 2-20　虎牙直播守护等级 V12 及以上进入直播间的横幅展示

用户还可以通过会员充值，享受不同的观看特权。例如在哔哩哔哩平台，用户可以选择充值大会员，成为哔哩哔哩大会员后可享有四个特权。如图 2-21 所示，这是哔哩哔哩大会员拥有的内容特权和装扮特权。如图 2-22 所示，这是哔哩哔哩大会员拥有的身份特权和视听特权。

图 2-21　哔哩哔哩大会员的内容特权和装扮特权

图 2-22　哔哩哔哩大会员的身份特权和视听特权

另外，用户在哔哩哔哩的会员购商城中也可以查看自己所在地区相应的产品信息，主要的产品类型有演出、展览、本地生活等，充值大会员的用户可以在这一界面选择购买动漫游戏的周边手办或者动漫展览的门票等。如图 2-23 所示，这是哔哩哔哩平台的会员购商城页面。

图 2-23　哔哩哔哩会员购商城页面

各大平台依照不同规则对用户进行细化分类，用户也可以根据自己的不同需求选择是否充值来扩大自己的权限。这样细化的用户标签有利于主播进行粉丝运营和打造差异化的内容，同时也可以增强粉丝黏性，满足不同的用户需求，并进行个性化推荐。

第 3 章
平台选择：入驻合适平台

学前提示

    运营者和主播要想在一个平台上进行直播，就要先入驻这个直播平台。不同直播平台的入驻方法不同，运营技巧也有所差异。

    在本章中，笔者就来介绍几个常见直播平台的入驻方法和直播技巧。

要点展示

- 短视频直播：新兴直播平台
- 电商直播：进行直播带货
- 热门平台直播：多方位推广吸粉

3.1 短视频直播：新兴直播平台

随着抖音、快手等短视频平台的迅速兴起与发展，不少网红、主播都选择直接转移直播阵地，或在这些短视频平台同步进行直播，以便获得更多的粉丝流量。下面，笔者就为大家详细介绍抖音、快手、视频号这三个目前最流行的短视频直播平台。

3.1.1 抖音直播：快速实现爆发式涨粉

直播是抖音的一项重要功能，也是许多主播进行带货盈利的一种主要方式。下面，笔者就来对抖音直播的相关内容进行详细介绍，帮助想成为主播的读者实现爆发式涨粉的目的。

1. 抖音直播的推荐算法机制

要想成为直播领域的达人，我们首先要想办法让自己的作品火爆起来。当然，这其中也有很多运营技巧能够帮助用户提升直播间的关注度，而平台的推荐机制就是不容忽视的重要环节。以抖音平台为例，用户发布到该平台的短视频需要经过层层审核，才能被大众看到，其背后的主要推荐算法逻辑分为三个层次，分别为"智能分发、叠加推荐、热度加权"，如图 3-1 所示。

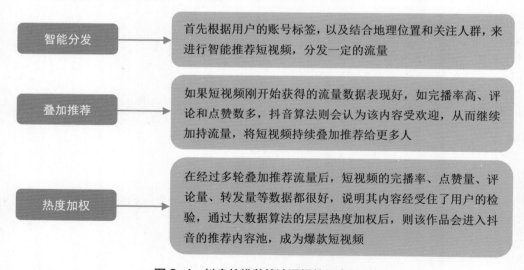

智能分发	首先根据用户的账号标签，以及结合地理位置和关注人群，来进行智能推荐短视频，分发一定的流量
叠加推荐	如果短视频刚开始获得的流量数据表现好，如完播率高、评论和点赞数多，抖音算法则会认为该内容受欢迎，从而继续加持流量，将短视频持续叠加推荐给更多人
热度加权	在经过多轮叠加推荐流量后，短视频的完播率、点赞量、评论量、转发量等数据都很好，说明其内容经受住了用户的检验，通过大数据算法的层层热度加权后，则该作品会进入抖音的推荐内容池，成为爆款短视频

图 3-1 抖音的推荐算法逻辑的三个层次

2. 抖音直播的开通方法

在抖音平台中，如果想要实现流量盈利，一定要用好视频和直播。而相比于视频，直接面对抖音用户的直播，会更容易受到部分抖音用户的欢迎。

开通抖音直播功能，只需在平台上进行实名认证即可。实名认证完成后，如果系统发来系统通知，告知主播已获得开通抖音直播的权限，就说明抖音直播功能开通成功，如图3-2所示。

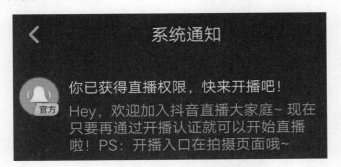

图3-2　获得抖音直播权限的系统通知

对于抖音主播来说，抖音直播可谓是促进产品销售和自身流量盈利的一种直接而又重要的方式。那么，抖音直播究竟如何开播呢？

步骤 01 登录抖音App，点击下方 ⊞ 按钮，进入视频拍摄界面，如图3-3所示。

步骤 02 点击"开直播"按钮，在该界面中设置直播信息、滤镜、特效、美颜等参数，如图3-4所示。

图3-3　点击 ⊞ 按钮

图3-4　设置直播信息

步骤 03 信息设置完成后，点击"开始视频直播"按钮，进行实名认证，在该界面中输入自己的真实姓名与身份证号；输入完成后点击"同意协议并认证"按钮，如图 3-5 所示。

步骤 04 操作完成后，进入人脸识别页面进行人脸识别认证，如图 3-6 所示。

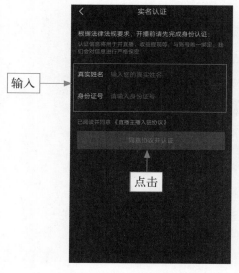

图 3-5 进行实名认证　　　　图 3-6 进入人脸识别页面

步骤 05 人脸识别成功后，进入直播倒计时，主播便可以开始自己的直播了。图 3-7 所示为抖音的直播界面。

3．抖音直播的运营技巧

在抖音直播的运营过程中，主播可以通过如下操作找到解决各种直播问题的方法。

步骤 01 登录抖音 App，进入"我"界面，点击界面上方的 ▤ 图标；在弹出的列表栏中点击"设置"按钮，如图 3-8 所示。

步骤 02 进入"设置"界面，点击"反馈与帮助"按钮，如图 3-9 所示。

步骤 03 进入"反馈与帮助"界面，点击"更多"按钮，如图 3-10 所示。

步骤 04 进入"问题分类"界面，选择"直播相关"选项，如图 3-11 所示。

步骤 05 进入"直播相关"界面，选择界面中的"主播开直播"选项，如图 3-12 所示。

步骤 06 进入"主播开直播"界面，只需选择对应问题的选项，便可以了解问题相应的解决方法。例如，选择"为什么直播时没有声音？"选项，即可进入该问题的解答界面，如图 3-13 所示。主播可以根据实际情况选择是否解答了自己的疑惑，以帮助官方平台后续完善问题，如图 3-14 所示。

图 3-7 抖音直播界面

图 3-8 点击"设置"按钮

图 3-9 点击"反馈与帮助"按钮

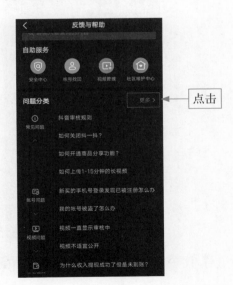

图 3-10 点击"更多"按钮

图 3-11　选择"直播相关"选项

图 3-12　选择"主播开直播"选项

图 3-13　选择"为什么直播时没有声音？"选项

图 3-14　问题详情界面

3.1.2　快手直播："老铁"带来购买力

　　与抖音直播相比，快手直播平台的部分观众购买欲比较强，甚至有时候只需要主播不定时地说一句"老铁 666"，部分观众便会直接下单购买产品。

　　因此，对快手直播平台的观众进行直击痛点的直播，挖掘他们的购买欲望，是一种十分快速的流量盈利方法。那么，作为一位快手主播，要如何通过直播挖掘观众的购买欲，刺激他们下单购买产品呢？

在快手短视频平台，主播只需进行实名认证，便可以获取直播权限。同时，快手直播还有一些可以提高热度、增强带货效果的运营技巧。接下来，笔者就来进行解读。

1．直播间大宝箱

大多数直播平台的礼物都需要花钱购买，快手却有些不同。快手用户可以根据观看直播的时间，获得快币。具体来说，直播间中会出现一个百宝箱图标，当达到直播观看时间的要求之后，百宝箱下方会显示"可领取"。

此时，在观看直播的观众只需点击百宝箱；在弹出的列表中，点击可领取的百宝箱，即可打开宝箱领取快币，如图3-15所示。

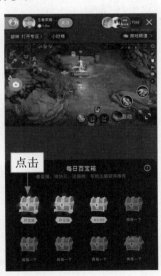

图3-15　点击百宝箱领取快币

领取快币之后，快手用户可以点击直播间下方的■图标；选择"猫粮"，即可把领取到的快币转化成礼物送给主播，如图3-16所示。

2．"同城"直播

用户在登录快手App之后，会默认进入"首页"界面，点击界面中的"同城"按钮，即可进入"同城"界面。该界面会显示同城用户发布的短视频和直播，如图3-17所示。

图 3-16　将快币转化成礼物送给主播

图 3-17　点击"同城"按钮查看同城内容

　　对此，主播在进行快手平台的直播时，可以进行定位，让自己的直播出现在"同城"界面。这样一来，直播的曝光量和流量会得到显著的提高。

3.　"无人物"直播

　　当主播不方便出镜直播时，可以选择进行"无人物"直播。在快手直播平台，常见的"无人物"直播主要有以下四种。

- 游戏场景＋主播语音。大多数快手用户看游戏类直播时，重点关注的可能还是游戏画面。因此，这一类直播可以直接呈现游戏画面。另外，一个主播之所以能够吸引用户观看直播，除了本身过人的操作外，语言表达也非常重要。因此，"游戏场景＋主播语音"就成了许多主播的重要直播形式。

- 真实场景＋字幕说明。主播可以通过真实场景演示和字幕说明相结合的形式，将自己的观点全面地表达出来。这种直播方式可以有效避免人物的出现，同时又能够将内容完全展示出来，非常地接地气，自然能够得到观众的关注和点赞。

- 图片＋字幕（配音）。如果直播的内容是关于抖音、微信和微博等平台的专业营销知识，那么主播可以选择采用（图片＋字幕或配音）的形式进行内容展示。

- 图片演示＋音频直播。主播可以通过"图片演示＋音频直播"的内容形式，更好地与直播间观众实时互动交流。以这种模式进行的直播，观众可以在上下班路上、休息间隙、睡前、地铁上、公交上等碎片时间进行观看，以便用户可以有效利用时间。

3.1.3 视频号直播：新崛起的直播平台

与抖音、快手这两个已经发展成熟的直播平台相比，微信视频号的直播起步较晚，观众数量较少。但不可否认的是，视频号直播依托微信的强大背景，借助其巨大流量，往后的发展不可限量。

因此，如果想要成为一名主播，吸引更多的粉丝流量，微信视频号是一个万万不能忽视的平台。目前，已有许多主播开始转战微信视频号进行直播，或者在这一平台同步进行直播，同时吸引多个平台粉丝的关注，从而主播可以快速地打开知名度，实现流量盈利。

那么，主播要如何通过微信视频号进行直播呢？首先要注意的是，视频号直播是从视频号中衍生而来的。接下来，笔者就为大家详细介绍视频号的直播和运营技巧，帮助各位主播顺利进行视频号直播。

1. 视频号直播的开通方法

主播要想进行视频号的直播和短视频发布，就需要先开通一个视频号账号，成为视频号运营者。下面笔者将为大家介绍微信视频号是如何发起直播的，以及视频号账号的创建方法。

步骤 ⓪① 在手机上打开微信，点击"发现"按钮，如图 3-18 所示。

步骤 ⓪② 进入"发现"界面，选择"视频号"选项，如图 3-19 所示。

图 3-18　点击"发现"按钮

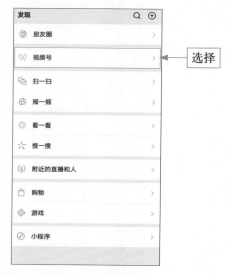

图 3-19　选择"视频号"选项

步骤 ⓪③ 进入视频号页面后，点击右上角的 👤 按钮，进入个人主页；点击页面右下角的"发起直播"按钮，即可进行视频号直播，如图 3-20 所示。

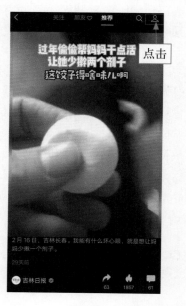

图 3-20　进入个人主页，点击"发起直播"按钮

需要注意的是，如果主播是首次注册微信视频号账号，在点击"发起直播"按钮后就会进入"创建视频号"界面，主播可在此页面设置名字、性别、地址信息，选择是否"在个人名片上展示视频号"；点击"替换头像"从个人相册中自行选择合适的头像；设置完成后选中"我已阅读并同意《微信视频号运营规范》和《隐私声明》"复选框，如图 3-21 所示。

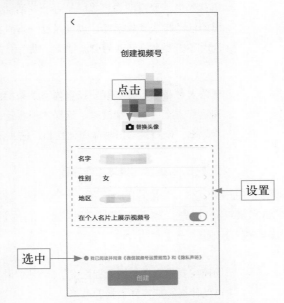

图 3-21 "创建视频号"界面

以上信息都设置完成后，点击"创建"按钮即可成功注册视频号，再次进入个人主页时，在"我的视频号"中即可看到账号信息、视频发布入口和直播发起入口，通过点击"发起直播"按钮主播即可进行视频号的直播。

2．视频号直播的运营技巧

直播间运营是一个非常重要的岗位，主要工作任务都在直播前期的策划上，包括直播脚本、活动以及选品等，如图 3-22 所示。

通常情况下，直播间运营都具有一定的成本及营销意识，能够通过一系列的运营策划把直播间做得更好。对于大商家来说，可以多设置一些运营岗位，如内容策划运营、渠道宣传运营以及选品对接运营等，这样做能够更好地提升直播运营数据。

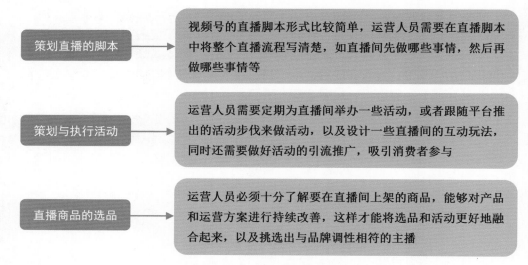

策划直播的脚本	视频号的直播脚本形式比较简单，运营人员需要在直播脚本中将整个直播流程写清楚，如直播间先做哪些事情，然后再做哪些事情等
策划与执行活动	运营人员需要定期为直播间举办一些活动，或者跟随平台推出的活动步伐来做活动，以及设计一些直播间的互动玩法，同时还需要做好活动的引流推广，吸引消费者参与
直播商品的选品	运营人员必须十分了解要在直播间上架的商品，能够对产品和运营方案进行持续改善，这样才能将选品和活动更好地融合起来，以及挑选出与品牌调性相符的主播

图 3-22　运营的具体工作内容

另外，对于视频号直播来说，直播间的场控是一个炒热气氛的重要岗位，不仅可以帮助主播控制直播间的节奏，解决一些突发状况，而且还可以引导粉丝互动。直播间场控的具体要求如图 3-23 所示。

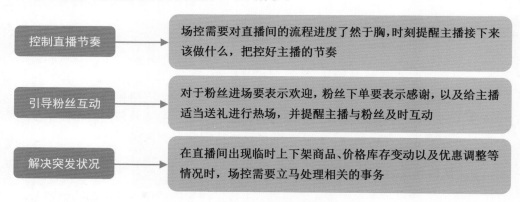

控制直播节奏	场控需要对直播间的流程进度了然于胸,时刻提醒主播接下来该做什么，把控好主播的节奏
引导粉丝互动	对于粉丝进场要表示欢迎，粉丝下单要表示感谢，以及给主播适当送礼进行热场，并提醒主播与粉丝及时互动
解决突发状况	在直播间出现临时上下架商品、价格库存变动以及优惠调整等情况时，场控需要立马处理相关的事务

图 3-23　场控的具体要求

对于一些小主播来说，如果运营人员的时间足够多，同时能力也比较强，也可以由运营来兼任直播间场控一职。

3.2　电商直播：进行直播带货

如今电商直播的发展如火如荼，许多商家纷纷加入电商直播行列，在淘宝、拼多多等电商平台进行直播。与其他直播平台不同，电商直播是完全以带货为目的，面向消费者的直播。因此，如何吸引更多消费者，把产品卖点呈现给观众就成了电商直播平台主播首先要考虑的问题。

3.2.1　拼多多直播："直播＋电商"已成标配

拼多多的"多多直播"是最近几年才兴起的直播平台，因为其门槛低、盈利快的优势，在极短的时间里就受到了不少电商从业人员的追捧和许多拼多多用户的喜爱。并且拼多多聚焦下沉市场，在短短几年的时间就与淘宝、京东三分市场，它用实惠的价格吸引了众多用户。下面，笔者将详细为读者介绍拼多多直播的开通方法和运营技巧。

1. 拼多多直播的开通方法

使用手机开播的方法比较多，如创建直播、一键开播以及代播等，不管商家会不会直播，或者有没有直播团队，都可以通过手机快速开播。

主播可以打开拼多多商家版 App，进入"店铺"界面，在"常用应用"选项区中点击"多多直播"按钮，如图 3-24 所示。进入"多多直播"界面，点击"创建直播"按钮，如图 3-25 所示，然后根据提示进行操作即可创建直播间。

图 3-24　点击"多多直播"按钮

图 3-25　点击"创建直播"按钮

主播利用拼多多直播的"定位"功能，能吸引更多本地粉丝下单。在"直播"频道中点击"我要直播"按钮，进入"开直播"准备界面，点击"开启定位"按钮，如图 3-26 所示。进入"位置信息"设置界面，开启手机的定位功能，如图 3-27 所示。

图 3-26　点击"开启定位"按钮

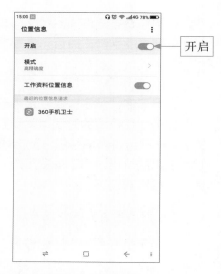

图 3-27　开启手机的定位功能

执行操作后，系统会自动定位商家当前所在位置，如图 3-28 所示。设置相应的封面和标题后，点击"开始直播"按钮，即可创建直播间，如图 3-29 所示。同时，系统会根据定位优先向同城人群展示直播间，为直播间快速带来流量。

图 3-28　自动定位

图 3-29　创建直播间

2．拼多多直播的运营技巧

无论是拼多多 App 首页界面，还是搜索栏的搜索结果以及场景广告，都为用户提供了直播入口。除此之外，商品详情页、店铺首页和关注店铺也是拼多多直播的流量入口，因此拼多多直播入口出现在平台内用户停留的每个环节。"多多直播"相对于其他直播，在运营技巧上应主要关注以下几点。

1）直播门槛低

拼多多的"多多直播"面向所有拼多多用户，未下过单的用户也可以通过"多多直播"进行直播带货，门槛低、规则简单、使用操作方便。因此，拼多多App 的直播设置相较于其他直播平台更加简单、平民化。

2）关注主播福利

拼多多直播平台中的"多多直播"运营主要通过平台内的流量，以及用户的微信分享。同时在拼多多直播中，主播可以给用户发红包，这个功能能够有效地提高用户在直播间的停留时间。但是红包只能在关注主播之后打开，这样操作可以巧妙地利用红包的玩法对直播进行推广。当用户关注主播后，就会显示一个好友助力，通过好友助力，用户可以再次领取红包。

3）同城直播

拼多多设置了同城直播的功能，在同城直播内，主播可以向周边地区推广店铺，让更多附近的人知道店铺，以提高店铺的周边影响力，吸引同城用户购买产品。

4）用户购买便捷

在"多多直播"界面下方，用户可以随时以拼单的形式购买商品，在直播时还有"想听讲解"功能，对用户感兴趣的产品可以随时提供讲解，便捷的购买方式和随时提供讲解的功能让用户消费更快捷、更容易。

3.2.2　淘宝直播：用户基础十分广泛

淘宝的直播板块已经具有了一定的规模，在这种情况下，直播带货就变成了淘宝的常见销售方式。因为淘宝网站本身就拥有广泛的用户基础，所以淘宝直播便成为主播进行互动营销的利器。

主播可以在手机上下载并安装淘宝直播 App，进行实名认证后即可成为入驻主播。主播获得淘宝直播权限后，该如何进行直播间以及粉丝的运营呢？接下来，笔者将进行具体介绍，给大家推荐一些实用的运营技巧。

1. 直播通知

在进行直播前，主播要做好直播通知，让粉丝知道具体的直播时间。如果主播没有进行通知，那么会有不少粉丝错过直播。在进行直播通知时，主播可以运用以下几种工具：小喇叭公告、小黑板和群消息等。为了让直播通知尽可能地让所有粉丝看到，主播可以利用上新预告来进行通知，也可以将直播信息推送到广场。

2．直播标题

在直播标题的选择上，要重点突出产品卖点、明星同款、当下流行或其他元素等，如特卖、清仓、东大门爆款、网红同款和高级感等。此外，直播标题还要根据主播的直播风格来选取相吻合的词汇。

3．竖屏直播

如果只是一个主播进行直播，笔者建议使用竖屏直播，这样更便于用户观看直播内容，而且竖屏也能更好地展示商品。

4．粉丝分层

主播可以在直播设置中点击"粉丝分层"选择适合自己的规则，而观看直播的用户则会根据主播所选择的规则进行分层。

例如，主播可以将规则设置为每日观看直播、发布一则评论之后，分别增加2分；关注主播、观看时长超过4分钟都增加5分；点赞和分享次数达到一定次数可增加不同数值的积分等。

5．观看奖励

主播可以根据观看时长设置奖励，当观众观看直播达到对应时长之后，便可获得小额红包、优惠券和赠品等福利，以此吸引观众持续观看直播。当直播间的气氛达到一定程度时，主播还可以在直播间进行抽奖。公布中奖观众时，主播需要注意安抚其他人并通知下一次抽奖时间。

6．直播内容

主播在进行产品推广时，可以利用故事进行介绍；也可以将产品与其他同类产品进行对比，更好地突出产品优势；还可以采取饥饿营销模式，调动用户的积极性。

专家提醒

值得注意的是，不管是在哪个平台进行直播，也不管进行的是哪种类型的直播，主播都要用饱满的精神状态面对用户，用自己的热情打动用户。在进行产品讲解时，主播需要耐心介绍产品的功能并且进行相关操作示范，帮助用户更加直观清楚地了解产品特性。

3.2.3 蘑菇街直播："内容＋网红 KOL ＋电商"

蘑菇街主要为女性群体提供穿搭参考服务，除了主打的服装搭配外，还提供美妆、鞋包和饰品搭配参考服务，节省了用户搭配服装和化妆的时间，解决了用户穿搭的诸多烦恼。这一节，笔者就来讲讲蘑菇街直播的开通方法和运营技巧。

1. 蘑菇街直播的开通方法

蘑菇街直播需要在手机应用商城下载蘑菇街 App，安装完成后，进行账号注册和登录，再按照以下步骤开通直播。

步骤 01 登录蘑菇街 App，进入"首页"界面，点击界面中的"直播"按钮，如图 3-30 所示。

步骤 02 操作完成后，进入直播界面，用户可以选择观看直播，主播则可以点击右下角的"开播"按钮，如图 3-31 所示。

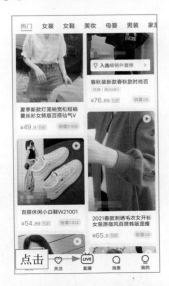

图 3-30 点击"直播"按钮

图 3-31 点击"开播"按钮

步骤 03 进入"蘑菇街直播入驻入口"界面，主播可以根据自己的实际情况选择"个人主播""MCN 机构""货品对接"或者"主播小店"，这里笔者以"个人入驻"为例，点击"个人主播"按钮，如图 3-32 所示。

步骤 04 操作完成后，进入"蘑菇街主播申请"界面，填写申请材料，选择所在省市、是否自有货品和主营方向；选中"仔细阅读《蘑菇街直播服务协议》"复选框；点击"提交申请"按钮，如图 3-33 所示。

步骤 05 申请提交之后，会进入"蘑菇街主播试播入口"界面，点击"点击开始试播 5 分钟"按钮，如图 3-34 所示。

图 3-32 点击"个人主播"按钮　　　　　　**图 3-33 点击"提交申请"按钮**

步骤 06 操作完成后，进入直播设置页面。主播可以在此页面设置直播标题、直播封面，添加商品和助理名（如果没有助理，主播直接忽略就好）。直播信息设置完成后，点击"开始直播"按钮，即可进行 5 分钟试播，如图 3-35 所示。试播与正式直播一样，都需要主播认真对待。

图 3-34 点击"点击开始试播 5 分钟"按钮　　　**图 3-35 点击"开始直播"按钮**

步骤 07 5分钟试播完成后，蘑菇街官方就会对主播的直播表现进行评估审核，审核通过后，主播就可以在蘑菇街开启直播了。如图 3-36 所示，这是蘑菇街的试播要求。

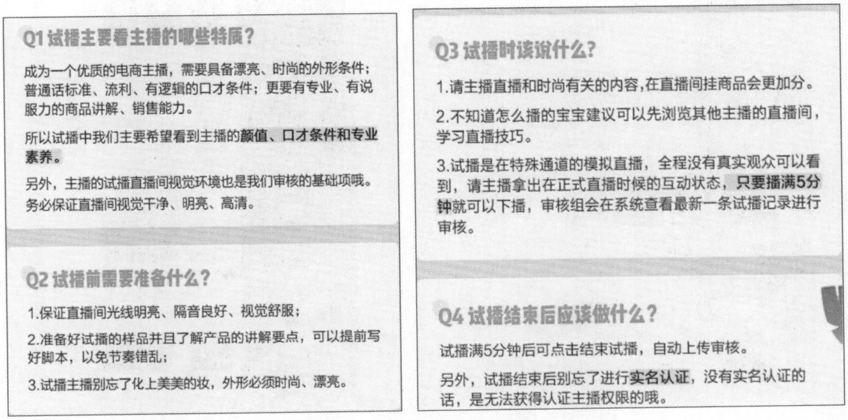

Q1 试播主要看主播的哪些特质？

成为一个优质的电商主播，需要具备漂亮、时尚的外形条件；普通话标准、流利、有逻辑的口才条件；更要有专业、有说服力的商品讲解、销售能力。

所以试播中我们主要希望看到主播的**颜值、口才条件和专业素养**。

另外，主播的试播直播间视觉环境也是我们审核的基础项哦。务必保证直播间视觉干净、明亮、高清。

Q2 试播前需要准备什么？

1.保证直播间光线明亮、隔音良好、视觉舒服；

2.准备好试播的样品并且了解产品的讲解要点，可以提前写好脚本，以免节奏错乱；

3.试播主播别忘了化上美美的妆，外形必须时尚、漂亮。

Q3 试播时该说什么？

1.请主播直播和时尚有关的内容，在直播间挂商品会更加分。

2.不知道怎么播的宝宝建议可以先浏览其他主播的直播间，学习直播技巧。

3.试播是在特殊通道的模拟直播，全程没有真实观众可以看到，请主播拿出在正式直播时候的互动状态，**只要播满5分钟就可以下播**，审核组会在系统查看最新一条试播记录进行审核。

Q4 试播结束后应该做什么？

试播满5分钟后可点击结束试播，自动上传审核。

另外，试播结束后别忘了进行**实名认证**，没有实名认证的话，是无法获得认证主播权限的哦。

图 3-36　蘑菇街的试播要求

2. 蘑菇街直播的运营技巧

蘑菇街直播的运营主要是通过网红 KOL 的打造，结合内容与电商于一体的方式进行，以下是蘑菇街直播的运营技巧分析。

1）蘑菇街购物台

蘑菇街在微信小程序内拥有自己的直播渠道——蘑菇街购物台，如图 3-37 所示。主播在蘑菇街 App 上直播时，直播内容会同步到"蘑菇街购物台"。对此，主播需要积极引导观众点赞、评论和下单，打造热门直播间。这样可以让更多观众看到直播内容，提高直播的转化率。

2）高颜值经济体

蘑菇街从直播内容、主播选择等各个方面都构造了一个高颜值经济体。高颜值主播可以通过直播分享穿搭经验，用颜值吸引观众，巧妙地利用女性对美好事物的热衷心理，获得更多流量，从而进行高效盈利。

图 3-37　蘑菇街购物台

3.2.4　京东直播：自营商品质量保障

消费者在进行网购时，产品的质量是影响其购买欲望的重要因素之一。产品质量好，消费者往往会更愿意花钱购买；产品质量差，那么不管卖家如何进行宣传，消费者也不愿意购买。

京东在 App 推广上一向以高质量为卖点，严格筛选平台产品，力求为消费者提供一个有正品保障的平台，从而获得了许多追求高质量产品的消费者群体的青睐，他们也更加愿意在京东平台购物。另外，在京东平台的直播上，许多企业负责人会亲自进行带货，并且在直播中还会进行大额抽奖活动，吸引了不少观众参与互动，巧妙地增加了观众的购买欲望。

京东直播的开通需要先登录京东达人平台，成为京东达人，满足条件后，方可开通京东直播。如果主播不是京东达人，可以先注册京东达人账号；如果已经是京东达人，可以直接登录京东达人后台，开通京东直播。

在京东 App 首页中用户向下滑动便可看到京东平台的 5 个分栏，"精选""美好生活""直播""实惠"和"进口"，用户可以通过点击"直播"按钮开始观看主播的带货直播，查看主播力荐的商品，如图 3-38 所示。主播可以引导观众打造热门直播、进行抽奖增加产品销售等方式，让自己的产品出现在"直播"界面的更前列，从而更好地吸引用户观看直播。

图 3-38　京东的直播界面

3.3　热门平台直播：多方位推广吸粉

除了上述的电商直播和短视频直播平台外，主播还可以在其他一些热门直播平台上进行直播，多方位引流，提升自己的关注度，从而为后续的流量盈利提供保障。本小节笔者就为大家介绍一些其他的热门直播平台。

3.3.1　小红书直播：明星直播带货平台

小红书是一个细分领域 KOL 和明星直播带货的优质平台，许多年轻女性都会参考小红书上的内容进行服装搭配和美容化妆等。那么，主播要如何进行小红书直播，更好地进行小红书直播运营呢？下面笔者就来回答这两个问题。

1．小红书直播的开通方法

步骤 01　登录小红书 App，点击首页中的 ➕ 图标，如图 3-39 所示。

步骤 02　进入"最近项目"界面，点击"直播"按钮，如图 3-40 所示。

步骤 03　进入"直播"界面，点击"去绑定"按钮，如图 3-41 所示。

步骤 04　进入"绑定手机号"界面，点击"本机号码一键绑定"或"绑定其他的手机"按钮。这里以点击"本机号码一键绑定"按钮进行说明，如图 3-42 所示。

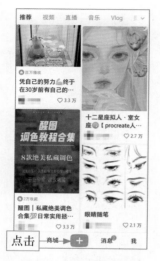

图 3-39　点击 ➕ 图标

图 3-40　点击"直播"按钮

图 3-41　点击"去绑定"按钮

图 3-42　点击"本机号码一键绑定"按钮

　　步骤 05　返回"直播"界面，点击"去认证"按钮。在弹出的"大陆身份证实名认证"提示框中点击"去认证"按钮，如图 3-43 所示。

　　步骤 06　进入"个人实名认证"界面，输入姓名和身份证号码；选中"我同意《实名认证协议》"复选框；点击"提交"按钮，如图 3-44 所示。

　　步骤 07　进入"人脸验证"界面，选中"勾选表示已阅读并同意《个人信息使用授权书》并确定授权"复选框；点击"开始录制"按钮，如图 3-45 所示。

图 3-43 点击"去认证"按钮

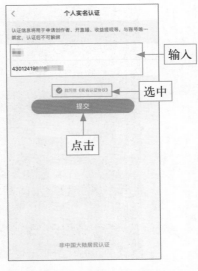

图 3-44 点击"提交"按钮

步骤 08 操作完成后，会弹出"直播已开通"提示框，点击提示框中的"确认"按钮，如图 3-46 所示。

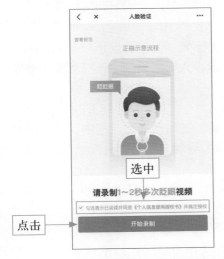

图 3-45 点击"开始录制"按钮

图 3-46 点击"确认"按钮

步骤 09 返回"直播"界面，设置直播封面和标题；选中"开播即代表同意《小红书直播协议》"复选框；点击"开始直播"按钮，如图 3-47 所示。

步骤 10 操作完成后，即可进入小红书直播界面，如图 3-48 所示。

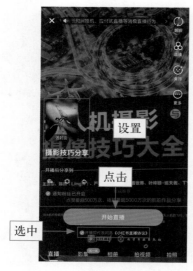

图 3-47　点击"开始直播"按钮

图 3-48　小红书直播界面

2. 小红书直播的运营技巧

在运营小红书直播间的过程中，主播可以通过一定的方式增强直播效果。

1）发红包增加观众的留存时间

在小红书直播中，主播发送的红包不会马上出来，而是会显示一个倒计时，等倒计时归零时，观众才可以抢红包。这样可以极大地延长观众在直播间的停留时间，从而提高直播间的曝光度和热度。

2）分享直播获取更多的流量

小红书直播间为主播提供"直播分享"功能。主播在直播过程中，可以自己将直播分享到微信、QQ 和微博等平台，也可以引导观众将直播分享给亲朋好友，从而让直播间获得更多流量。

3.3.2　B 站直播：年轻人喜爱的平台

B 站是深受广大年轻人喜爱的一个平台。许多人都以为 B 站就是一个以提供二次元视频为主的平台，其实不然，在 B 站同样可以进行直播带货。下面笔者就来介绍如何在 B 站开通直播和进行直播间的运营。

1. B 站直播的开通方法

下面笔者就以手机端直播为例，具体讲解 B 站开通直播的步骤。

步骤 01　进入 B 站的"直播"界面，点击"我要直播"按钮，如图 3-49 所示。

步骤 02 弹出"实名认证"对话框，点击"去认证"按钮，如图 3-50 所示。

图 3-49 点击"我要直播"按钮　　　　　**图 3-50 点击"去认证"按钮**

步骤 03 在实名认证界面输入真实姓名、身份证号、手机号和验证码等必需信息；点击"提交"按钮进入审核流程，如图 3-51 所示。

步骤 04 跳转进入支付宝认证页面，单击"同意并认证"按钮，进行人脸识别，人脸识别成功后倒计时 3 秒跳转返回 B 站直播界面，如图 3-52 所示。

图 3-51 点击"提交"按钮　　　　　**图 3-52 点击"同意并认证"按钮**

步骤 05 跳转返回至直播界面后，主播即可在这一界面中设置直播封面，拟写直播标题，选择直播间分区，并选择直播类型。设置完成后点击"开始视频直播"按钮，即可开始 B 站直播，如图 3-53 所示。

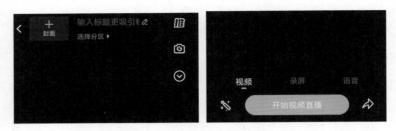

图 3-53 直播界面的设置

2．B 站直播的运营技巧

如果主播想要提升直播间的引流能力，获得更多用户的关注，那么就有必要掌握 B 站直播的一些运营方法。下面，笔者重点介绍 B 站直播的三种运营方法。

1）主播舰队：让粉丝成为你的船员

主播在 B 站开通直播后，就可以在直播房间内拥有自己的舰队，舰队的船票总共有三种，分别是总督、提督和舰长。当粉丝拥有主播的舰队船票后，该粉丝将会拥有的特权，如图 3-54 所示。

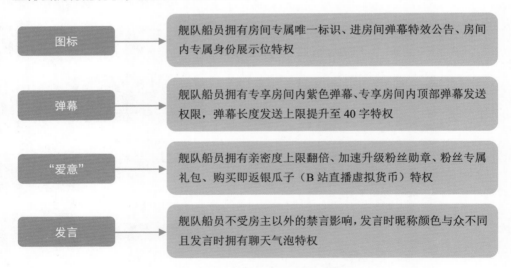

图 3-54 B 站舰队船员的特权

2）直播看板娘：帮助主播答谢粉丝

"直播看板娘"是 B 站设计的一个卡通形象，其主要作用是实现内容交互：当主播收到用户打赏的礼物时，直播看板娘会以气泡的形式弹出来，帮主播答谢用户；而平时直播看板娘也会悬浮在视频周围，用户单击或双击直播看板娘时，其会向用户卖萌。此外，主播还可对直播看板娘进行换装，提高直播看板娘的呈现效果。

　　3）主播轮播：多个直播循环播放

　　主播在直播中可以开启轮播开关，对指定内容进行轮播，以提高内容的曝光度。

3.3.3　西瓜视频直播：根据兴趣进行推荐

　　西瓜视频是一个根据用户兴趣进行内容个性化推荐的平台，正因为如此，许多用户都习惯观看西瓜视频上的视频和直播。那么，运营者和主播如何做好西瓜视频直播呢？

　　主播可以登录西瓜视频 App，进入"我的"界面，点击"开直播"按钮，如图 3-55 所示。然后根据提示进行实名认证操作，如图 3-56 所示。完成实名认证后，即可创建直播间。

图 3-55　点击"开直播"按钮

图 3-56　进行实名认证操作

　　在运营西瓜视频直播的过程中，主播可以通过以下两个技巧提高直播间的热度和观众的留存率。

1．设置话题

　　不同的内容有不同的受众，主播在直播时可以设置直播话题，吸引目标观众的关注。而且在西瓜视频直播中添加的话题会出现在直播封面中，这样一来，对话题感兴趣的观众在看到直播封面之后，便会点击查看直播，直播间的热度也就随之上升。

2．发送福袋

主播在直播过程中可以通过发送福袋的方式，向观众赠送"钻石"（西瓜视频的平台币，可用于购买直播礼物）。这样观众看到主播发送的福袋之后，会更愿意留在直播间。而主播发送福袋之后几分钟，观众才能抢福袋，所以观众为了抢福袋，会在直播间观看直播并等待福袋出现，这无疑会提高直播间观众的留存率。

3.3.4　微视直播：直播流量大，有保障

微视背后有腾讯的大力支持，因此，如果主播想要进行直播带货，微视毫无疑问会是一个不错的选择。那么，主播要如何开通和运营微视直播呢？

微视直播的开通方法很简单，只需通过微视 App 进行实名认证，同时完成人脸识别，即可创建微视直播间。主播可以自行上传直播封面，选择直播滤镜美颜效果，以及手机直播和游戏直播两种形式。

需要注意的是，主播在直播过程中一旦违反直播平台的行为规范，就会导致自己的直播间被平台限流或者警告，甚至被关闭直播间，这样的做法都是得不偿失的。主播要想增加直播间的热度和产品的销量，还要重点做好以下两个方面的工作。

1．打造热门短视频

当主播进行直播时，在其发布的短视频中便会显示该主播正在进行直播。所以，这需要主播多打造发布一些热门短视频，从短视频中吸引用户。

2．冲击"微光榜"

在微视直播中，"微光榜"（微视直播以一个小时为单位，根据礼物总值进行的排名）排名前十的直播间可以获得直播广场的推荐位，能够扩大直播间的影响。

第 4 章

直播准备：打造火爆直播

学前提示

要想在各个平台顺利开展直播，主播首先要做好一些必要的准备工作，包括直播场地、背景装饰、灯光设备、商品摆放、活动方案策划，直播间标题和封面的设置等，以及一些需要注意的问题，这些都是搭建专业带货直播间的基础。

要点展示

- 基础设施：开展直播必备
- 人员分工：减成本提效率
- 注意事项：顺利进行直播

4.1 基础设施：开展直播必备

为了保证主播直播的质量，让直播获得更高的热度，做好直播准备是十分必要的。一场直播包含的内容很多，直播间的场地选择、背景装饰、灯光甚至是直播带货时的商品摆放都需要主播进行仔细的考量。而做好直播间基础设施的准备，能为观众带来更好的观看体验，主播也能更加顺利地进行直播。

4.1.1 场地选择：构造和谐的直播场景

为自己的直播间选择一个好的场地，构造一个好的直播场景，能给观众带来更好的视觉体验，从某种方面来说，这是主播顺利完成直播，吸引更多粉丝的前提条件之一。直播的场地选择主要包括直播地点以及直播的角度两部分。

1. 直播地点

如果主播进行的是室内直播，则直播间的面积不宜过大或者过小，通常为 $20 \sim 50 m^2$，这样不仅能够容纳直播设备和主播，而且还可以摆放足够多的商品。

（1）房间面积过小：直播间会显得非常杂乱、拥挤。

（2）房间面积过大：不仅直播间的装修费用更高，而且整个空间会显得太空旷，同时麦克风也容易产生回音，影响用户的观看体验。

如果进行的是户外直播，那么主播要考虑的因素就更多了，主要有背景选择、网络环境和收音环境这三个因素，如图 4-1 所示。

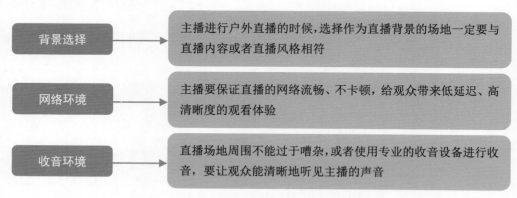

图 4-1　户外直播场地选择主要考虑的三个因素

此外，主播需要注意的是，一般来说户外直播的设备比室内直播的设备要求更高，需要更专业的设备来保证直播的顺利进行，主播在考虑户外直播的设备时，还需要考虑设备的供电问题。

2．直播的角度

主播在进行直播的时候，要考虑自己呈现在屏幕上的姿势问题，这里笔者主要讲室内直播。通常来说，不同的姿势可以选择不同的直播角度，室内直播姿势主要包括坐姿和站姿，两种姿势直播角度的放置方法如图 4-2 所示。

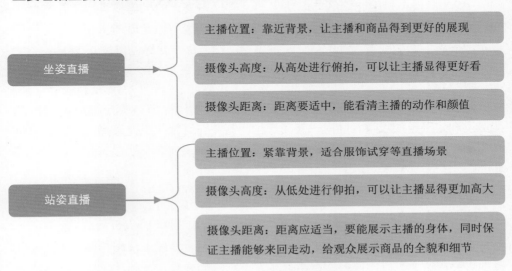

坐姿直播
- 主播位置：靠近背景，让主播和商品得到更好的展现
- 摄像头高度：从高处进行俯拍，可以让主播显得更好看
- 摄像头距离：距离要适中，能看清主播的动作和颜值

站姿直播
- 主播位置：紧靠背景，适合服饰试穿等直播场景
- 摄像头高度：从低处进行仰拍，可以让主播显得更加高大
- 摄像头距离：距离应适当，要能展示主播的身体，同时保证主播能够来回走动，给观众展示商品的全貌和细节

图 4-2　坐姿和站姿的直播角度设置方法

4.1.2　背景装饰：打造更好的视觉效果

背景装饰主要说的是室内直播间的背景装饰。直播间的背景装饰可以选择墙纸或者墙漆，使视觉效果和谐、舒适。背景装饰要注意三个问题，如图 4-3 所示。

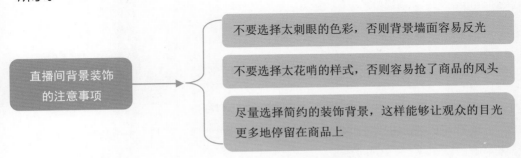

直播间背景装饰的注意事项
- 不要选择太刺眼的色彩，否则背景墙面容易反光
- 不要选择太花哨的样式，否则容易抢了商品的风头
- 尽量选择简约的装饰背景，这样能够让观众的目光更多地停留在商品上

图 4-3　直播间背景装饰的注意事项

另外，如果直播间的背景墙是白色的，则主播要尽量用墙漆、墙纸或背景布

重新装饰，以提升直播间的视觉效果。

（1）墙漆或墙纸：选择饱和度较低的纯色墙漆或墙纸，如莫兰迪色系就是一种非常好的选择。另外，主播也可以在墙纸上印上品牌的 Logo 或名称，或者自己的直播间名称，以此来增强观众对主播的记忆。

（2）背景布：相比墙纸与墙漆来说，背景布最大的优势是更换比较方便，而且成本也更低，非常适合新手主播。当然，主播也可以定制背景布，让生产厂家做成品牌广告墙或者漂亮的 3D 图案墙等，使直播间更具创意性。

4.1.3 灯光设置：呈现真实直播主体

对于主播来说，直播间的灯光设置是很重要的，好的灯光设置能使直播间的视觉呈现效果更加吸睛。通常一盏顶灯和两盏补光灯就能满足直播间里的基本灯光需求，但是如果主播有更高的要求，也可以根据实际情况另寻搭配，以保证直播间的完美呈现效果。

1．顶灯

顶灯通常安装在直播间的房顶上（见图 4-4），位置最好处于主播的头顶上方 2 米左右，作为整个直播间的主光源，起到照亮直播主体的作用。主播在选择顶灯设备时，可以挑选一些有主灯和多个小灯的套装，这样能够从不同角度照亮主播，让其脸部清晰明亮，同时消除身后背影，以确保直播主体真实地呈现给观众。

图 4-4 直播间的顶灯设备

顶灯可以选择时下比较流行的 LED（发光二极管）灯。一般来说，在同等功率下，LED 灯会更加明亮。

2．补光灯

直播间通常需要两盏补光灯，即 LED 环形灯和柔光灯箱，这两者的搭配使用能增强主播的直播效果，让观众拥有更好的观看体验。

一般来说，LED 环形灯放置在主播前方，将色温调节为冷色调，能有效消除 LED 顶灯产生的阴影，从而更好地展现出主播的妆容造型，进行带货直播时也能提升产品的轮廓质感。

柔光灯箱则通常成对购买，放在主播两侧，可以使直播间的色彩饱和度更好，增强层次感。

4.1.4 商品陈列：清晰展示带货商品

现如今，除了纯娱乐性质的直播外，不管是短视频平台的直播还是电商平台的直播，主播往往都会进行商品售卖，以此实现流量的快速盈利。而在一场直播中，主播通常会介绍多个商品，此时如果不能有效规划商品的摆设陈列，就可能使得直播间变得杂乱无章，从而影响直播效果。

因此，主播需要根据直播的情况、商品的类型来选择合适的陈列方式，让用户能一目了然地了解直播商品，从而下单购买。

1. 货架摆放

顾名思义，货架摆放就是主播将要带货的商品陈列在货架上，放在身后，这种陈列方式比较适合鞋子、化妆品、零食、包包以及书籍等小商品。使用货架陈列商品的时候，需要注意以下几个事项，如图 4-5 所示。

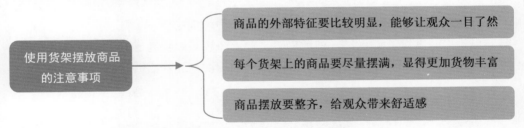

图 4-5 使用货架摆放商品的注意事项

2. 悬挂摆放

悬挂摆放就是用架子把商品悬挂起来，这种摆放方式比较适合易于悬挂的商品，比如衣服、裤子、雨伞以及毛巾等，或者其他条状产品，比如腊肉、腊鱼等，让观众对商品有比较直观的了解。

需要注意的是，使用悬挂式的商品摆放方式时，要对商品的摆放顺序进行合理的规划，比如根据颜色深浅、形状长短等因素进行有序排列，从而使得直播间更加井然有序，让观众对产品更感兴趣。

3. 桌面摆放

桌面摆放是指将商品直接摆在桌子上，放在主播的前面。美食生鲜、美妆护肤以及珠宝饰品等类目的商品比较适合桌面摆放。当然，不同类目的商品，摆放方式也有所差别，如图 4-6 所示。

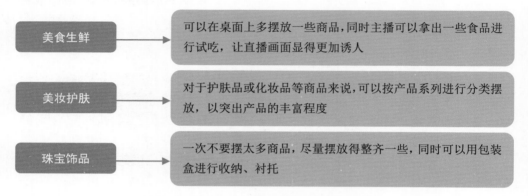

美食生鲜	可以在桌面上多摆放一些商品，同时主播可以拿出一些食品进行试吃，让直播画面显得更加诱人
美妆护肤	对于护肤品或化妆品等商品来说，可以按产品系列进行分类摆放，以突出产品的丰富程度
珠宝饰品	一次不要摆太多商品，尽量摆放得整齐一些，同时可以用包装盒进行收纳、衬托

图 4-6　不同类目商品桌面摆放的方法

此外，桌面摆放的方式也适合那些需要主播试用的商品，比如手机这种小型数码产品，方便主播拿取、试用，让观众能更为直观地了解商品的外观与性能。

4.2　人员分工：减成本提效率

通常情况下，一个完整的直播间的工作人员包括主播、助播、运营、场控、数据分析以及客服等。当然，有能力的工作人员也可以身兼数职，但同样需要厘清这些工作人员的职责，这样主播才能够事半功倍，提升直播间的带货效率。

4.2.1　主播：气质和直播相契合

平台的主播要与直播间的风格、直播内容和直播平台相契合。比如做电商直播的主播就要有亲和力，了解产品卖点，能将产品的功效、优点展现出来；做娱乐直播的主播需要有娱乐精神，有才艺、会聊天、能造梗，吸引更多观众。

不同商品的电商直播，对于主播的要求各不相同。例如，对于服装的带货主播，就要求主播颜值高，同时要有好的身材和口才，这样不仅能够穿出漂亮的服装效果，而且还能把服装的优势讲解出来。再如，在商品需要专业化讲解的直播间，观众就比较喜欢提问，主播则要将自己打造成一个专家形象，快速回答观众的问题，将商品优势有条不紊地说出来，以此增加观众的信任。

如图 4-7 所示，这是西瓜视频的一个玉石销售直播界面，观众积极提问，主播则认真回答观众问题。

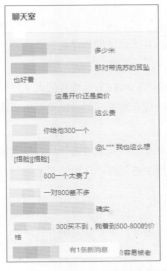

图 4-7　观众在直播间提问

　　不管主播在哪个直播平台进行直播，都需要遵循以下三个基本要求，如图 4-8 所示。

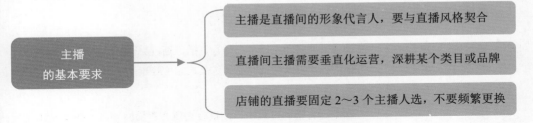

图 4-8　主播的基本要求

　　在这三个基本要求中，店铺的直播指的是电商直播，一家店铺可以请多个主播，每个主播负责不同的类目，以使直播井井有条。

　　另外，在电商直播这一类目中，如果店铺处于起步阶段，一时没有找到合适的主播，店铺经营者可以试着自己开播。笔者认为，电商直播不同于以往的秀场直播，即使主播没有好的身材和颜值，但只要主播能够坚持为观众推荐物美价廉的商品，也是可以达到预期直播目标的。

　　店铺该如何寻找主播呢？笔者认为，通常有以下四种途径，如图 4-9 所示。

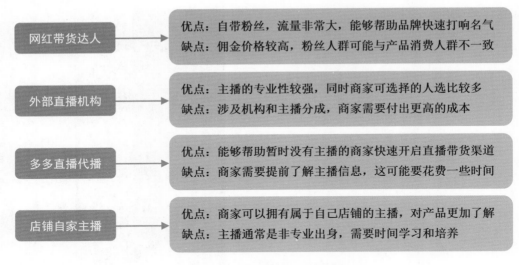

网红带货达人	优点：自带粉丝，流量非常大，能够帮助品牌快速打响名气 缺点：佣金价格较高，粉丝人群可能与产品消费人群不一致
外部直播机构	优点：主播的专业性较强，同时商家可选择的人选比较多 缺点：涉及机构和主播分成，商家需要付出更高的成本
多多直播代播	优点：能够帮助暂时没有主播的商家快速开启直播带货渠道 缺点：商家需要提前了解主播信息，这可能要花费一些时间
店铺自家主播	优点：商家可以拥有属于自己店铺的主播，对产品更加了解 缺点：主播通常是非专业出身，需要时间学习和培养

图 4-9 寻找主播的四种途径

4.2.2 助播：协助参与策划直播

助播，简单理解就是帮助主播完成一些直播工作，也可以称为主播助理。以电商直播为例，助播的具体工作内容如图 4-10 所示。

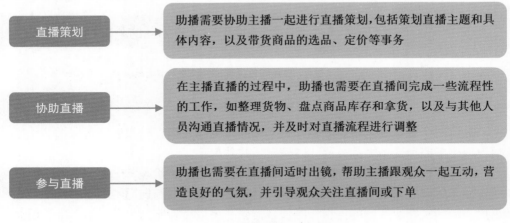

直播策划	助播需要协助主播一起进行直播策划,包括策划直播主题和具体内容，以及带货商品的选品、定价等事务
协助直播	在主播直播的过程中，助播也需要在直播间完成一些流程性的工作，如整理货物、盘点商品库存和拿货，以及与其他人员沟通直播情况，并及时对直播流程进行调整
参与直播	助播也需要在直播间适时出镜，帮助主播跟观众一起互动，营造良好的气氛，并引导观众关注直播间或下单

图 4-10 助播的具体工作内容

对于主播来说，助播能够起到锦上添花的作用，一主一辅相互配合，彼此是一种相互依赖的关系。例如，在平台大促期间，当主播的嗓子已经喊哑的时候，助播就要说更多的话，告诉观众怎么领券下单，以分担主播的压力。

如果主播的粉丝量非常大，达到几十万以上，而且粉丝的活跃度非常高，此时就需要增加一些助播人数。当然，一个助播每天也可以协助多个主播，自己的工作时间延长，获得的收入也更多。

专家提醒

> 助播是能够培养自我职业素养的一个职业，往往能够在直播间身兼数职，很有发展潜力。例如，助播可以发展成为运营主管，培养更多定位精准的专业型小主播，成立自己的直播团队或机构。

4.2.3 运营：进行脚本策划及选品活动

直播间运营是一个非常重要的岗位，主要工作任务是进行直播前期的策划，包括直播脚本、活动以及选品等，运营的具体工作内容如图4-11所示。

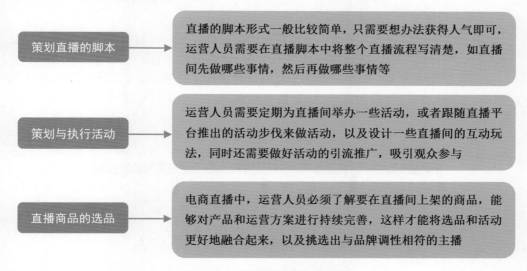

策划直播的脚本	直播的脚本形式一般比较简单，只需要想办法获得人气即可，运营人员需要在直播脚本中将整个直播流程写清楚，如直播间先做哪些事情，然后再做哪些事情等
策划与执行活动	运营人员需要定期为直播间举办一些活动，或者跟随直播平台推出的活动步伐来做活动，以及设计一些直播间的互动玩法，同时还需要做好活动的引流推广，吸引观众参与
直播商品的选品	电商直播中，运营人员必须了解要在直播间上架的商品，能够对产品和运营方案进行持续完善，这样才能将选品和活动更好地融合起来，以及挑选出与品牌调性相符的主播

图4-11 运营的具体工作内容

通常情况下，直播间运营都具有一定的成本及营销意识，能够通过一系列的运营策划把直播间做得更好，使直播能够顺利进行，为主播吸引更多粉丝。

4.2.4 场控：控制直播间流程进度

对于主播来说，直播间的场控是一个炒热气氛的重要岗位，不仅可以帮助主播控制直播间的节奏，解决一些突发状况，而且可以引导粉丝互动。直播间场控的具体要求如图4-12所示。

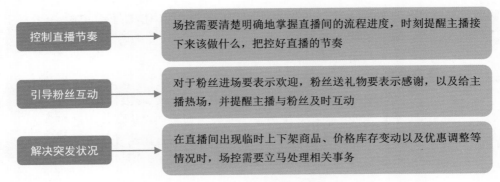

控制直播节奏	→	场控需要清楚明确地掌握直播间的流程进度，时刻提醒主播接下来该做什么，把控好直播的节奏
引导粉丝互动	→	对于粉丝进场要表示欢迎，粉丝送礼物要表示感谢，以及给主播热场，并提醒主播与粉丝及时互动
解决突发状况	→	在直播间出现临时上下架商品、价格库存变动以及优惠调整等情况时，场控需要立马处理相关事务

图 4-12　场控的具体要求

对于一些小主播来说，如果运营人员的时间足够多，同时能力也比较强，也可以由运营来兼任直播间场控一职。

4.2.5　数据分析：全局把控直播数据

直播间的数据分析人员是一个把控全局的岗位，要善于分析数据，做好直播间的总结和复盘工作，推爆款商品，并为下一场直播做准备。

以抖音直播为例，如果主播想查看自己直播的相关数据，对自己的直播进行复盘，则可以通过飞瓜数据 App 或者飞瓜官网进行查看。如图 4-13 所示，这是飞瓜数据官网页面。

图 4-13　飞瓜数据官网页面

在这一页面中，主播可以实时查看当前最火爆的直播间数据及其销售额，还能实时监控直播，分析带货数据，发现爆款商品，操作十分简单方便。

4.2.6 客服：提升直播间转化率

设置客服这一职位的直播间一般是电商直播，在这里，客服的主要工作是引导买家观看直播和下单，同时解决观众在直播间提出的问题，促成商品成交。以拼多多的"多多直播"为例，主播可以进入拼多多商家后台的"多多客服→客服工具→分流设置"页面，完善店铺的售前和售后客服分工，提升客服团队的接待效率和买家咨询体验，进而提升店铺的转化率，如图 4-14 所示。

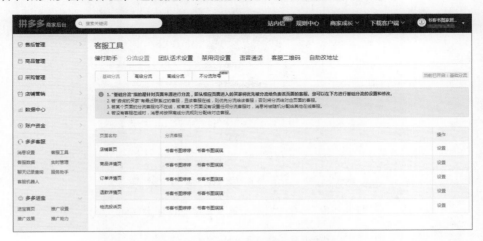

图 4-14 店铺客服分工的设置

需要注意的是，客服在给店铺直播间引流时，只需要在黄金时间段进行即可。当然如果直播间全天的客流量都非常大，也可以让客服加强引导买家到直播间的频率。

4.3 注意事项：顺利进行直播

主播在进行直播间的运营时，需要简单清楚地体现直播的最大利益点，通过更多的让利和互动来提升转化率。本节主要介绍直播各阶段的注意事项，这些细节主播一定要提前知晓。

4.3.1 直播前的注意事项

直播前须做好一系列的准备工作，这样在开播后才不会手忙脚乱。下面列出了直播前的相关注意事项。

1. 基本准备

基本准备包括清晰明确的直播主题和点击率高的封面图片，同时还需要做好短信引流和客服预热等工作，重点是提升开播后的流量。例如，主播在结束上一场直播时，可以通过口播、字幕或公告牌等形式对下一场直播进行预告，也可以在直播间的标题文案中标注直播时间。如图 4-15 所示，这是斗鱼主播在标题文案中标注直播时间。

图 4-15　斗鱼主播在标题文案中标注直播时间

2．主播妆容

好的妆容可以让主播看上去更加精神。对于在直播平台开播的主播来说，妆容的基本原则是简单大方、衣着整洁，和日常生活中的妆容并没有太大的差别，只要注意好化妆和穿搭过程中的一些小要领即可，从而更好地把直播主题与个人形象结合起来。

注意，在美妆类直播中，其妆容是为了更好地体现产品使用效果，因而需要比较夸张一些；在其他类目直播中，主播的妆容就应该考虑观众的感受，选择比较容易让人接受的而不是给人带来视觉冲击感的妆容。

一般来说，观众选择观看直播，其主要目的是获得精神上的放松，让身心更加愉悦，因而主播妆容的基本要求就是让观众赏心悦目。另外，主播的妆容还应适合其自身气质和形象，更好地展现主播风格。

3．主播着装

主播的形象整洁得体，这是从最基本的礼仪出发而提出的要求。除了上面提及的面部妆容外，主播形象的整洁得体还应该从衣着和发型两个方面考虑。

主播衣着得体体现在三个方面，如图 4-16 所示。

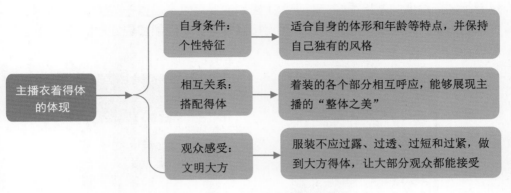

图 4-16　主播衣着得体的体现

主播的发型也应该选择适合自身的气质。例如，脸形偏长的女主播，可以做个空气刘海或者蓬松一点儿的发型，这样能够让主播的脸看起来更小、更精致。

4．直播清单

主播需要将所有直播商品的清单纸稿打印出来，列明商品的功能卖点、价格优惠、使用方法、适用场景和消费群体等信息，这样主播在直播时可以作为依据，避免出现差错。

5．活动准备

主播需要提前准备一些用于互动活动的小道具，如抽奖转盘、小礼品和粉丝抽奖等。如图 4-17 所示，这是拼多多直播中的抽奖活动界面（部分）。

6．场景准备

直播中会面临一些特殊状况，或者主播有意策划的一些剧情场景，如"XX新品临时到货""XX 商品库存不足""老板临时特批 XX 优惠价"等，这些穿插性的场景内容都可以提前策划，写好剧本进行预演，在直播流量高峰时给观众制造惊喜。

7．设备准备

主播需要准备好手机、电脑、网络和备用电源等设备，以备直播设备出现故障时能够马上替代，保证直播顺利进行。

8．运营准备

通常情况下，直播间运营都具有一定的成本及营销意识，能够通过一系列的运营策划把直播间做得更好。对于大主播来说，可以多设置一些运营岗位，如内容策划运营、渠道宣传运营以及选品对接运营等，从而能够更好地提升直播运营数据。

图 4-17　拼多多直播的抽奖活动界面（部分）

4.3.2　直播中的注意事项

在主播直播过程中，需要注意以下几个事项。

1．积极互动

主播在进行直播的时候要多与观众进行互动，产生一种隔空交流的画面感。还可以发起弹幕抽奖活动，活跃直播间的气氛。如图 4-18 所示，这是虎牙直播中的弹幕抽奖界面。

2．解答疑问

当直播间的观众提出问题时，主播要及时进行解答，即使是自己不清楚的问题，也要稍微回应一下，让观众感受到主播对他们的重视程度。如图 4-19 所示，这是 B 站直播界面，主播正在解答观众的一些问题，并回应评论中对他的质疑。

3．讲解商品

主播要把控好每个商品的讲解时间，如果商品太多的话，不能浪费太多时间在无关紧要的事情上，可以在休息间隙让助播来介绍一些商品或活动。

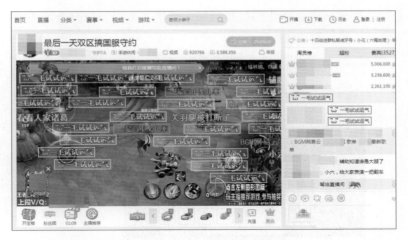

图 4-18　虎牙直播的弹幕抽奖

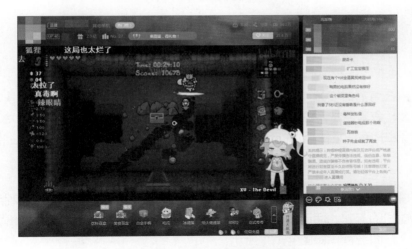

图 4-19　主播正在解答观众问题

例如，服装主播可以穿上打底衣裤，这样便于快速换装，在有限的时间内给观众讲解更多商品。如图 4-20 所示，这是西瓜视频直播中主播根据观众要求讲解服装产品的界面。

在这个直播间，主播提前穿上了打底衣服，根据观众要求更换服装，吸引了不少观众在直播间下单。

4．做好场控

场控人员在直播过程中要实时监控直播间的氛围，尤其是在无人互动或者观看人数非常少的时候，一定要及时组织一些小活动，来活跃直播间的气氛，避免冷场。另外，对于一些直播间的负面信息，场控人员也要及时进行舆情引导和处理，以免造成不良影响。

图 4-20　主播讲解商品

5．保持状态

主播在直播时要始终保持充满激情的亢奋状态，不仅说话的语速要快，而且音量要大，音调要高，切不可长时间默不作声，这样会使直播间的气氛变冷。助播如果发现主播有冷场的情况，也需要及时提醒主播，并引导主播保持高亢的情绪。

4.3.3　直播结束后的注意事项

直播结束后，主播需要做好本场直播的数据分析并进行复盘总结，利用数据优化直播间的流程、活动、选品、话术和服务等细节。直播结束后的分析大致需要从三个方面进行，如图 4-21 所示。

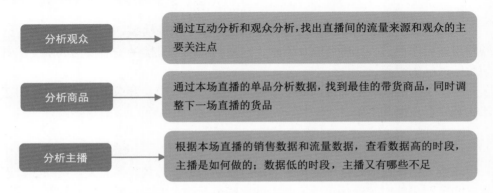

图 4-21　直播结束后需要分析的内容

第 5 章

直播策划：完善直播流程

学前提示

　　对于新人主播来说，无法做到像人气主播那样随心所欲地把控直播的整个流程节奏，也不知道直播要做哪些事情。此时，进行直播流程的策划就变得格外重要，通过直播流程策划，可以让直播更加井井有条，从而吸引更多粉丝。

要点展示

- 脚本流程：理顺直播思路
- 脚本策划：直播核心要素
- 视觉策划：绝佳视觉感受

5.1　脚本流程：理顺直播思路

一场成功的直播，不仅要有好的选品、渠道和主播，还要有好的脚本策划——就是指主播在直播间要说一些什么话。直播与短视频一样，都需要策划好脚本。如表 5-1 所示，这是一个简洁明了的直播带货的脚本范本。

表 5-1　简洁明了的直播带货脚本范本

XX 店铺 X 月 X 日直播脚本				
直播时间	2021 年 3 月 6 日　晚上 7 ～ 11 点			
直播主题				
直播准备	（场地、设备、赠品、道具以及商品等）			
时间点	总流程	主播动作	产　品	备　注
7 点 01 分	开场预热	跟观众打招呼并进行互动，引导关注	/	/
7 点 10 分	讲解 1 号产品……	讲解产品：时间 10 分钟 催单：时间 5 分钟 ……	服装产品	/
8 点 30 分	互动游戏或连麦等	互动：主播与助播互动，发动观众参与游戏 连麦：与 ×× 直播间 ×× 主播连麦	/	拿出准备好的道具
9 点 10 分	秒杀环节	推出秒拼、甩卖以及拍卖等直播商品	食品产品	/
10 点 00 分	优惠环节	跟观众打招呼，同时与其进行互动，用优惠价格提醒观众下单，并再次引导关注	电子产品	/

通常情况下，带货直播脚本包括开场、产品介绍、互动、秒杀以及优惠等多个环节，主播只有保证各个环节的流程滴水不漏，才能有效地把控直播节奏。

5.1.1　直播开场：自我介绍活动主题

以电商直播为例，策划脚本的目的在于带货，也就是说，通过事先设计好的剧本和环节，整理出一个大致的直播流程，同时将每个环节的细节写出来，包括主播在什么时间点和谁一起做什么事情以及说什么话等，来不断引导观众关注直播间和下单购买，达到增粉和成交的目的。

在直播开场阶段，观众的心里通常想的是"这个直播间到底是卖什么产品的"，他们进入直播间后一开始都是抱着"随便瞧瞧"的想法。

因此，主播在开始直播后，要立刻进入状态，跟观众进行自我介绍，话语要有一定的亲密感，来拉近彼此间的距离。接下来，主播需要表明本场直播的活动主题，可以先卖个关子，告诉观众本场直播有哪些亮点，主要目的在于吸引观众目光，让他们停留在直播间。如图 5-1 所示，这是笔者整理的一些直播开场脚本示例。

脚本示例一
　第 1 分钟：快速进入状态，与最先进来的观众逐个打招呼

　第 2～5 分钟：拉近镜头拍摄主播或产品的近景，在与观众互动（签到打卡或抽奖）的同时，透露本场直播的主打爆款，并强调每天的固定直播时间

脚本示例二
　第 1 分钟：说出本场直播的利益点，如每个商品都有抽奖活动、红包派送以及让利折扣等，并通过留言、抽奖活动发动观众互动刷屏

　第 2～5 分钟：以讲故事的方式，将产品的品牌、厂家、口碑和销量等内容讲出来，引起观众的好奇心，为直播间聚集更多人气

图 5-1　直播开场脚本示例

专家提醒

　　主播在直播中一定要确定好脚本的主题，同时让脚本的所有内容都围绕主题来展开和策划，从而保证整个直播流程都保持正确的方向，主播的聊天和互动也更加精准，而不是随意地闲聊。例如，下面这两个直播间的主题分别为"买就送"和"特卖包邮"，如图 5-2 所示。

图 5-2　直播间的主题示例

5.1.2 产品介绍：全面展示产品信息

在开播后的预热阶段，主播要简单介绍一下本场直播的商品清单，让观众了解直播间的主打爆款、优惠力度和活动玩法。同时，主播可以赠送一些直播优惠券，或进行抽奖预热活动。

在正式的商品介绍阶段，主播要挑选一个商品并根据其品类进行详细介绍，每个商品的介绍时间通常为 3 ～ 10 分钟。主播在主要介绍一个商品时，也可以时不时地穿插介绍其他的商品，以及直播间的主打商品和活动力度，来吸引更多观众进入直播间。

主播在介绍某个商品时，应该全方位地展示商品的相关信息。以服装为例，主播需要介绍服装的搭配技巧和适用场合。如图 5-3 所示，这是笔者整理的一些商品介绍环节的直播脚本示例。

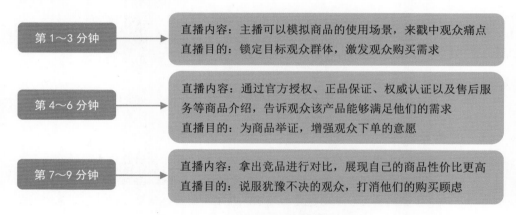

图 5-3　产品介绍环节的直播脚本示例

主播可以使用提问的方式，在介绍商品的功能效果时，引导已经购买的观众说出他们的商品使用体验。另外，主播也可以直播商品的使用场景，激发观众的购买需求，如图 5-4 所示。

5.1.3 互动环节：话题炒热直播氛围

互动环节的主要目的在于活跃直播间的气氛，让直播间变得更有趣，避免产生尬场的状况。在策划直播脚本时，主播可以多准备一些与观众进行互动的话题，可从以下几个方面找话题，如图 5-5 所示。

除了互动话题外，主播还可以策划一些互动活动，如红包和免费抽奖等，不仅能够提升观众参与的积极性，而且可以实现裂变引流。

图 5-4　配合商品的使用场景进行介绍

结合直播主题	→	根据直播主题选出本场直播的相关互动话题，多积累与商品相关的专业知识，了解观众痛点，能够做到脱口而出
紧扣时下热点	→	通过借势传统节日热点、社会热点事件以及自创热点等方法，找到商品与热点之间的共鸣点，来打动观众

图 5-5　找互动话题的技巧

1. 红包

　　主播可以在直播间定时发放红包，观众领取红包后可以直接提现到微信，这样能够吸引更多人关注直播间并长久停留。观众进入直播间后，可以点击红包图案打开红包，如图 5-6 所示。

　　打开红包后，观众可以看到红包的总金额，同时会显示开抢时间。当观众点开红包后，需要点击"关注并抢红包"按钮，关注直播间后才能获得抢红包资格，如图 5-7 所示。同时，观众还可以邀请微信好友助力，立即拆开红包，如图 5-8 所示。

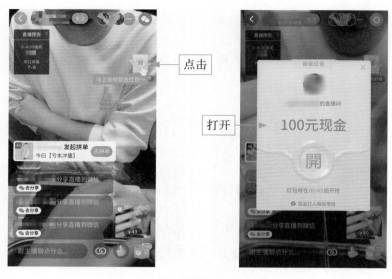

图 5-6　打开红包

图 5-7　点击"关注并抢红包"按钮

图 5-8　邀请微信好友助力拆红包

2. 免费抽奖

免费抽奖活动可以大幅提升直播间的活跃度，增强粉丝黏性。如图 5-9 所示，这是直播抽奖活动界面与相关规则。另外，观众在参与免费抽奖活动的同时，会自动订阅下一场抽奖活动，可以增加观众在直播间的停留时间。

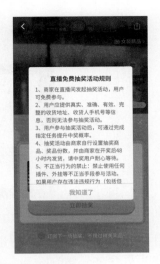

图 5-9　直播抽奖活动界面与相关规则

5.1.4　秒杀环节：甩卖、拍卖、进行催单

主播可以多准备一些用于秒杀环节的直播商品，在直播过程中不定时推出秒拼、甩卖或拍卖商品，来刺激观众及时下单，提高转化率。

下面以拼多多直播为例，介绍在直播间设置拍卖商品的具体方法。

步骤 01　创建直播间后，点击"营销工具"按钮🔳，如图 5-10 所示。

步骤 02　弹出"营销工具"菜单，点击"拍卖"按钮，如图 5-11 所示。

图 5-10　点击"营销工具"按钮

图 5-11　点击"拍卖"按钮

步骤 ⓸ 弹出"观众竞拍保证金"对话框，❶设置相应的"用户参拍保证金"数额；❷点击"确认，创建拍品"按钮即可，如图 5-12 所示。

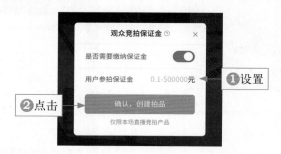

图 5-12 点击"确认，创建拍品"按钮

如果主播设置了"用户参拍保证金"，则直播间的用户在参与拍卖前，需要缴纳对应的保证金才有参拍资格。

另外，主播还可以在直播间外设置拍卖商品，具体方法如下。

步骤 ⓵ 进入多多直播的"设置"界面，点击"拍卖商品设置"按钮进入其界面，首次使用该功能需要设置"商品分类"和"运费模板"选项。如图 5-13 所示，这是"商品分类"的设置界面，包括 1 级分类、2 级分类、3 级分类。

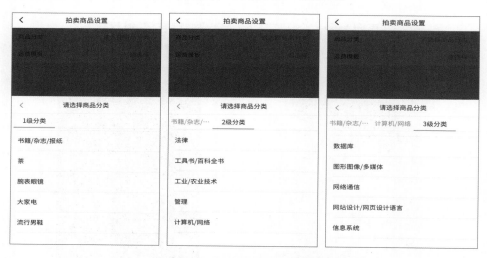

图 5-13 "商品分类"设置界面

步骤 ⓶ 选好"商品分类"后，点击"运费模板"选项，如图 5-14 所示。

步骤 ⓷ 弹出"请选择运费模板"菜单，主播可以在其中设置拍卖商品的运费模板，如图 5-15 所示。

点击

图 5-14　点击"运费模板"选项

图 5-15　设置拍卖商品的运费模板

　　设置完成后，在拼多多直播的"设置"界面中再次点击"拍卖商品设置"按钮，即可设置拍品的内容。设置成功后，在直播间将会显示拍卖商品弹窗，观众点击弹窗中的"出价"按钮，然后点击"支付参拍保证金"按钮支付相应数额的保证金，即可参与竞价，如图 5-16 所示。

　　当观众支付完保证金后，还需要设置拍品的出价价格，拍卖商品弹窗中会显示拍品的当前价格。当观众成功竞拍后，将收到支付弹窗的提示，点击"去支付"按钮即可，如图 5-17 所示。如果观众逾期未支付拍品价款，则前面支付的保证金将会被系统赔付给主播。

点击

图 5-16　点击"支付参拍保证金"按钮

点击

图 5-17　点击"去支付"按钮

5.1.5　优惠环节：催促集中爆发下单

主播在发布直播间的预告时，可以将大力度的优惠活动作为宣传噱头，吸引观众准时进入直播间。在直播的优惠环节中，主播可以推出一些限时限量的优惠商品，或者直播专属的特价等，吸引观众快速下单。

在优惠环节，主播需要做好以下两件事。

（1）展现价格优势。通过前期一系列的互动和秒杀活动吊足观众的胃口后，此时主播可以宣布直播间的超大力度优惠价格，通过特价、赠品、礼包、折扣以及其他增值服务等，让观众产生"有优惠，赶紧买"的消费心理，引导观众下单。

（2）体现促销力度。主播可以在优惠价格的基础上，再次强调直播间的促销力度，如前 XX 名下单粉丝额外赠送 XX 礼品、随机免单以及满减折扣等，并不断对比商品的原价与优惠价格，同时反复强调直播活动的期限、倒计时时间和名额有限等字眼，营造出产品十分畅销的紧张氛围，让观众产生"机不可失，时不再来"的消费心理，促使犹豫的观众快速下单。

例如，主播可以在拼多多直播间创建店铺关注券，观众可以在小红盒商品列表中点击"关注并领取"按钮，在领取优惠券的同时自动关注店铺，如图 5-18 所示。观众领取优惠券后，在购买直播间内的商品时即可获得相应的无门槛券，如图 5-19 所示。

图 5-18　点击"关注并领取"按钮

图 5-19　获得相应的无门槛券

5.1.6　制定脚本：单品直播脚本策划

前面介绍直播脚本的基本流程和元素，主播可以按照这些元素制定自己店铺的直播脚本，同时尽量保持每周更新的频率，多总结和优化脚本，让下一次直播获得更好的带货效果。如表 5-2 所示，这是一个单品直播的脚本范本。

表 5-2　单品直播的脚本范本

直播日期	2021 年 8 月 16 日 星期一
直播时间	20:00 ~ 21:30
直播时长	1.5 小时
直播主题	×× 产品直播专场，爆款秒杀
直播样品	准备好直播时要展示的样品，款式尽量齐全，满足不同需求的用户
预估目标	达到 10% 的引导转化率
直播活动	抽奖、赠品以及秒拼等
直播预告	抛出直播价值：晚上 8 点直播，进场前 × 分钟抢福利，只有 × 个名额，主播在直播间等你们了！
预热开场	点明直播主题：欢迎来到 ×× 直播间，请大家点下关注，谢谢捧场，主播将会每天 × 点在直播间为您分享 ××（根据主播或直播间的定位，为粉丝分享实用的技能等）。
时 间 点	直播节奏
1 ~ 10 分钟	给出粉丝福利，吸引他们及时进入直播间，同时引导粉丝评论或刷屏互动，了解他们的问题和需求。 （1）前 3 分钟："大家快来抢福利，只有 100 份，卖完就没有了！" （2）第 4 分钟："×× 爆款秒杀优惠，想买的朋友们赶紧下单呀！" （3）第 5 分钟：第 1 轮直播抽奖活动。 （4）第 6 分钟："继续抢福利，抢到就是赚到，秒杀单品数量有限！" （5）第 7 分钟：第 2 轮直播抽奖活动。 （6）最后 3 分钟：继续催单，并开始做下场直播预热。 抢福利话术示例："实体店铺 200 元，官方旗舰店日常销售价 166 元，现在直播间只卖 99 元，错过这次福利，下次还要再等几个月。" 抽奖话术示例："话不多说，先来一拨抽奖，麻烦大家添加 1 号产品到购物车，快速刷起来。"
11 ~ 20 分钟	当直播间涨到一定流量后，主播可以使用高性价比的引流产品吸引新用户，引导观众关注直播间，提升直播间的搜索权重。 引导加购话术示例："×× 产品性价比超高啦！名额只有 ×× 名，超出不补。亲，喜欢的话赶快抢购哦！"

时 间 点	直播节奏
21 ~ 70 分钟	（1）促单：主播和助播一起与观众互动，稳定直播间人气，不断推出爆款和秒杀款，同时穿插主推款，对商品进行详细的介绍，争取做到利润的最大化。 （2）场控：在直播过程中，数据分析和场控人员可根据直播间的观看人数和产品的 UV 转化率等数据来引导主播调整主推款。 互动话术示例："××，你们想看蓝色的还是绿色的？" 爆款话术示例："×× 有 10 元无门槛优惠券哦，直播间下单不仅可以直接使用，还可以和官方活动价叠加哦。喜欢就直接领取，一个账号限领一张。" 秒杀款话术示例："×××点可以秒杀。大家刷刷评论，让主播看到你们的热情，你们的热情越高，主播给的秒杀价格就越低哦！" 主推款话术示例："最后 3 分钟，想要的朋友抓紧时间哦，只有最后 50 件了，时间到了立马恢复原价。"
71 ~ 80 分钟	随着直播间人气的逐步下滑，主播可以通过抢现金红包活动，来提升直播间的活跃度，同时将本场直播呼声较高的产品进行返场演绎，再次助推。
81 ~ 90 分钟	在本场直播的结尾部分，感谢观众，并预热下场直播的时间、福利和新款产品。 感谢话术示例："感谢大家的关注和陪伴，主播马上就要下播了，希望大家好好休息，明天晚上同一时间我们再聚呀。"

主播可以用 Excel 表格来制作直播脚本，把直播间的产品卖点、功能介绍、直播话术、互动玩法、利益点以及注意事项等全部写进去，对整场直播进行规划和安排，从而让主播能够把控好直播的节奏。在各种直播平台上，同款产品非常多，但带货的主播却各不相同，主播要做的就是熟悉自己的产品和观众，并按照直播脚本定期进行直播活动，让更多观众成为自己的粉丝。

5.2　脚本策划：直播核心要素

很多新主播通常一拿到商品，就马上放到直播间去卖，这样主播很难给观众留下专业的形象，商品的质量也难以保证，往往结果都是主播一直在尬聊，而产品的销量却不尽如人意。

因此，主播开播前一定要策划一份直播脚本，让直播可以非常顺利地进行下去，同时也可以让主播显得更加专业，帮助店铺提升产品的销量。本节将介绍一些直播脚本策划的注意事项，帮助主播打造高质量的带货直播间。

5.2.1　引出话题：吸引观众的注意力

直播不仅要靠嘴皮子，还需要主播多创新，提前准备好一些能够吸引观众注意力的话题。下面介绍一些直播间常用的话题类型，如图 5-20 所示。

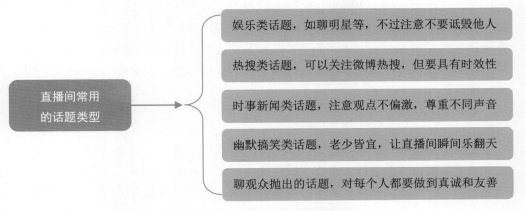

图 5-20　直播间常用的话题类型

5.2.2　提出痛点：符合用户痛点需求

虽然电商直播的主要目的是卖货，但这种单一的内容形式难免会让观众觉得无聊。因此，主播可以在直播脚本中根据观众痛点，给观众带来一些有趣、有价值的内容，提升观众的兴趣，增强黏性。

例如，在下面这一销售被子的直播间评论中，可以看到很多观众提出了要求，如"四件套""夏凉被"以及"粉色大件"等，如图 5-21 所示。其实，这些要求就是观众痛点，主播可以在直播脚本中将这些痛点列出来，并策划相关的内容和话术，通过直播解决观众提出的问题。

图 5-21　销售被子的直播间示例

直播时并不是要一味地吹嘘商品的特色卖点，而是要解决观众的痛点，这样观众才有可能在你的直播间驻足。很多时候，并不是主播提炼的卖点不够好，而是因为主播认为的卖点不是观众的痛点所在，并不能解决他们的需求，所以对观众来说就自然没有吸引力了。当然，前提是主播要做好直播间的观众定位，明确观众是追求特价，还是追求品质，或者是追求实用技能，以此来指导直播脚本的优化设计。

5.2.3　建立信任：观众信任更愿下单

在电商直播中，观众的交易行为很多时候是基于信任主播而产生的，观众信任并认可主播，才有可能去关注主播并购买产品。因此，主播可以在直播间将产品的工艺、产地以及品牌形象等内容展现出来，并展现品牌的正品保障，为产品带来更好的口碑影响力，赢得广大观众的信任。

例如，在下面这个销售腊鱼腊肉的直播间中，可以看到主播通过直播，给下单的观众切割腊肉并现场称重，把商品的重量直接展示给观众看，让他们知道主播不会缺斤少两，从而使观众对产品更加放心，增强他们下单的意愿，如图 5-22 所示。

图 5-22　销售腊鱼腊肉的直播间示例

5.2.4　商品卖点：结合痛点提炼卖点

当主播在制作直播脚本时，需要深入分析产品的功能并提炼相关卖点，然后亲自使用和体验商品，并将产品卖点与观众痛点相结合，通过直播展现产品的真实应用场景。寻找产品卖点的四个常用渠道如图 5-23 所示。

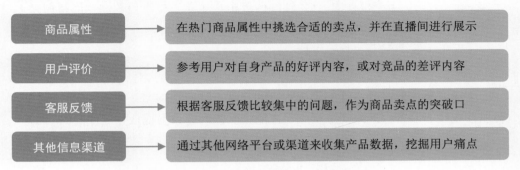

商品属性	→	在热门商品属性中挑选合适的卖点，并在直播间进行展示
用户评价	→	参考用户对自身产品的好评内容，或对竞品的差评内容
客服反馈	→	根据客服反馈比较集中的问题，作为商品卖点的突破口
其他信息渠道	→	通过其他网络平台或渠道来收集产品数据，挖掘用户痛点

图 5-23　寻找产品卖点的四个常用渠道

总之，主播只有深入了解自己所带货品，对产品的生产流程、材质类型和功能用途等信息了如指掌，才能提炼出产品的真正卖点。在策划直播脚本时，主播可以根据用户痛点需求的关注程度，来排列产品卖点的优先级，全方位地介绍产品信息，吸引观众加购或下单。

例如，女装产品的用户痛点包括做工、舒适度、脱线、褪色以及搭配等，用户更在乎产品的款式和整体搭配效果。因此，主播可以根据"上身效果＋材质细节＋设计亮点＋品质保障＋穿搭技巧"等组合来制作直播脚本的内容，然后在直播间将这些内容演绎出来，相关示例如图 5-24 所示。

图 5-24　销售女装产品的直播间示例

专家提醒

在很多直播平台内，观众可以点击直播界面，隐藏直播间的各种按钮和控件元素，让直播画面更加干净，在看商品介绍时能获得更好的体验。

主播要想让自己的直播间吸引观众的目光，就要知道观众想要的是什么，只有抓住观众的消费心理来提炼卖点，才能让直播间更吸引观众并促使他们下单。

5.2.5 使用体验：说出自己的感受

主播对产品要亲身体验，并告诉观众自己的使用感受，同时可以列出真实用户的买家秀图片、评论截图或短视频等内容，这些都可以写进直播脚本中，有助于杜绝虚假宣传的情况。

例如，被誉为"X 宝一哥"的某主播曾表示，自己至少已经试过 10 万件以上的美妆护肤产品。如图 5-25 所示，为某主播在直播间亲自试用口红，并把所有的口红都涂在手臂上以方便观众挑选。

图 5-25　销售口红的直播间示例

5.2.6 引导消费：推荐商品的流程

主播需要熟悉直播间规则、直播产品以及店铺活动等信息，这样才能更好地将产品的功能、细节和卖点展示出来，以及解答观众提出的各种问题，从而引导观众在直播间下单。如图 5-26 所示，这是直播间推荐产品的基本流程，能够让主播尽量将有效信息传递给观众。

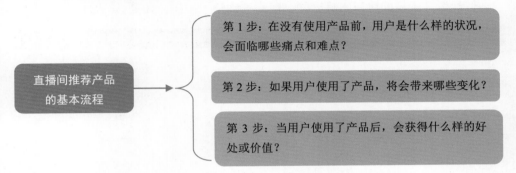

图 5-26　直播间推荐产品的基本流程

同时，主播说话要有感染力，要保持充满激情的状态，制造出一种产品热卖的氛围，利用互动和福利引导观众下单。

5.2.7　组合销售：提升用户的客单价

主播可以在直播脚本中充分挖掘潜在消费者的其他需求，同时可以采用大额满减、拼单返现、多件优惠或产品组合的方式，带动店铺内的其他产品销量。

如图 5-27 所示，在下面这个卖美妆产品的直播间内，主播设置了直播间专享优惠，观众可以通过直播间的链接 1 元"抢"口红、防晒喷雾、粉底刷等美妆产品，为直播间吸引了不少观众，并且为其他高价产品做了引流。

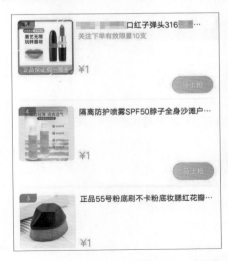 

图 5-27　美妆的直播间示例

以拼多多直播中的多件优惠活动为例，主播可以进入拼多多商家后台，在左侧导航栏中选择"店铺营销→营销工具"选项进入相应界面，在右侧窗格中选择"多件优惠"工具即可进入其界面，单击"创建"按钮，如图 5-28 所示。

图 5-28　单击"创建"按钮

执行以上操作后，进入"创建多件优惠"操作界面，主播需要设置相应的优惠活动信息，包括活动时间、活动商品、优惠设置和活动备注，如图 5-29 所示。设置完成后，单击"创建活动"按钮，即可创建多件优惠活动。

图 5-29　"创建多件优惠"操作界面

需要注意的是，多件优惠活动针对的是一个订单，而不是多个订单。也就是说，用户如果分别多次对同一个商品下单，是无法享受多件优惠活动的。多件优惠活动的优惠类型可以分为两种不同的形式，分别为减钱和打折。

（1）减钱：在商品页中展示"第 2 件减 X 元"标签。

（2）打折：在商品页中展示"第 2 件打 X 折"标签。

另外，根据爆款产品的推广节奏，主播可以在多件优惠的阶梯设置中设置不同的阶段优惠力度。阶梯设置最多只能设置四个阶段，即多件优惠最多只支持五件商品。如果用户购买了六件商品，那么第六件商品是没有优惠的，必须全款购买。

专家提醒

拼单返现活动同样也是拼多多平台力推的一种营销工具，经大数据验证，用得好的主播可以提升店铺 15% 的营收。

拼单返现活动是指在一个自然日内，用户在某个主播的店铺累计消费满一定金额，即可获赠一张平台优惠券，优惠券成本由主播自行承担。拼单返现活动可以大幅提升客单价，用户为了获取平台优惠券，会下单购买更多商品。

5.3 视觉策划：绝佳视觉感受

主播在进行直播前，还需要对直播间进行一定的视觉优化处理，包括直播封面、直播标题、直播公告以及主播妆容等细节，从而让直播间获得平台的推荐，赢得更多的流量。

5.3.1 封面策划：给观众的第一印象

直播的封面图通常包括主播人像图和带货商品图两种类型，不同的类型有不同的封面质量标准，下面将进行具体介绍。

1. 主播人像图

对于歌舞娱乐类或者专业技能类的主播来说，可以使用自己的人像图作为直播封面，具有打造个人 IP 的作用。那么，优质人像封面图有哪些相关标准？笔者认为主要有三点，如图 5-30 所示。

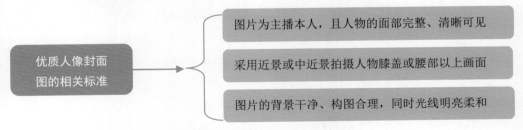

图 5-30　优质人像封面图的相关标准

如图 5-31 所示，这是采用模特主播展示的封面图，展现出优雅的穿搭效果。

图 5-31　采用模特主播展示的封面图

如图 5-32 所示，这是书店和家居用品带货的直播封面图，主播和商品结合在一起能够让直播主题更加明确。

图 5-32　书店（左图）和家居用品（右图）的直播封面图

另外，主播还需要注意避免使用一些低质的人像封面图，具体如下。

- 不是主播本人的图片，如网络上随便找的人物图片。
- 使用未经授权的明星图片。
- 直接使用直播间的截图。
- 没有美感的大头照，或者后期处理太差的图片。
- 多人合照或拼图的图片。

- 有不雅着装与动作的照片。
- 用床作为道具拍摄的照片，或斜躺着拍摄的照片。
- 文字过多或背景杂乱的照片。

2．带货商品图

如果主播的目的不是打造个人 IP，而是想通过直播来卖货提升商品的销量，那么就可以直接选择商品图作为直播封面。优质商品封面图的相关标准如图 5-33 所示。

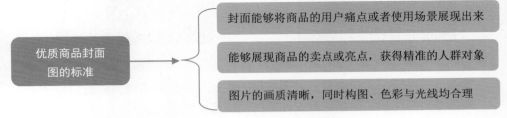

图 5-33　优质商品封面图的标准

如图 5-34 所示，这是采用商品的使用场景作为直播封面图。

如图 5-35 所示，这是展现商品外观特征的直播封面图。

图 5-34　采用商品的使用场景作为封面图　　图 5-35　展现商品外观特征的封面图

如图 5-36 所示，这是构图和色彩精美的直播封面图。

如图 5-37 所示，这是展现商品细节品质的直播封面图。

图 5-36　构图和色彩精美的直播封面图　图 5-37　展现商品细节品质的直播封面图

如图 5-38 所示，这是充分展现商品的款式与颜色的直播封面图。

如图 5-39 所示，这是充满设计感的商品直播封面图。

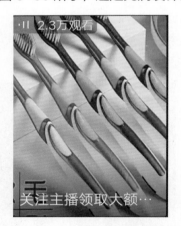

图 5-38　展现商品的款式与颜色的直播封面图　图 5-39　充满设计感的商品直播封面图

另外，主播还需要注意避免使用一些低质的商品封面图，具体如下。

- 商品图上的文字太多，背景杂乱。
- 采用低水平的 Photoshop 设计图或拼图。
- 随意拍的实物图，构图光线较差。
- 使用动漫、表情包或者风光照片等与商品无关的图片。
- 呈现商品的使用效果时，有夸大宣传的嫌疑。
- 图片效果不美观，令人不适。
- 为图片加上了不必要的边框。

专家提醒

在制作直播封面时，一定要注意图片的大小。例如，拼多多的直播封面图片大小不得低于 800 像素 ×1200 像素。如果遇到图片不够清晰的情况，主播最好重新制作封面图片，甚至重新拍摄素材，因为画面的清晰度会直接影响观众的观看体验。

5.3.2　标题策划：简单明了更加吸粉

直播的标题需要简单明了，让观众快速了解直播商品或内容，从而迅速抓住他们的眼球。

1.优质标题

对于不同的直播内容，主播在设计标题时可以采用不同的方法，相关技巧如下。

（1）卖货类直播标题：优质的卖货类直播标题需要明确直播主题，突出内容亮点。下面为卖货类直播标题的一些常用模板。

● 模板 1：使用场景／用户痛点＋商品名称＋功能价值，示例如图 5-40 所示。

● 模板 2：情感共鸣型标题，更容易引起观众的怀旧心理或好奇心。

● 模板 3：风格特色＋商品名称＋使用效果。

● 模板 4：突出活动和折扣等优惠信息，示例如图 5-41 所示。

图 5-40　功能价值型标题示例　　图 5-41　突出活动和折扣信息的标题示例

（2）达人才艺类直播标题：通过标题表现主播的特长或才艺。下面为达人才艺类直播标题的一些常用模板。

- 模板 1：主播或歌单＋互动文案。
- 模板 2：主播身份＋互动文案。

（3）聊天情感类直播标题：标题需要能够直击观众痛点，让观众产生共鸣。下面为聊天情感类直播标题的一些常用模板。

- 模板 1：顺口溜＋个人标签或昵称。
- 模板 2：聊天主题＋进来聊聊。

2. 低质标题

在撰写直播标题时，主播还应注意不要走入误区，一旦使用了一些低质标题，很可能会对直播间的数据造成不容小觑的影响。如图 5-42 所示，这是常见的低质直播标题类型。

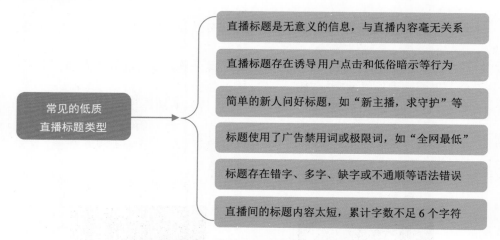

常见的低质直播标题类型

- 直播标题是无意义的信息，与直播内容毫无关系
- 直播标题存在诱导用户点击和低俗暗示等行为
- 简单的新人问好标题，如"新主播，求守护"等
- 标题使用了广告禁用词或极限词，如"全网最低"
- 标题存在错字、多字、缺字或不通顺等语法错误
- 直播间的标题内容太短，累计字数不足 6 个字符

图 5-42 常见的低质直播标题类型

5.3.3 公告策划：展现直播内容信息

直播间的公告牌拥有很多使用场景，而且主播可以自行策划其中的文案内容，方便在不同时间进入直播间的观众查看本场直播的重点信息。以拼多多直播为例，直播公告的内容形式主要有以下几种。

- 抽奖或秒杀等活动预告，示例如图 5-43 所示。
- 直播间活动玩法介绍，示例如图 5-44 所示。
- 主播基本信息描述，示例如图 5-45 所示。
- 本场直播内容描述，示例如图 5-46 所示。
- 商品介绍或物流信息，示例如图 5-47 所示。

图 5-43　活动预告

图 5-44　活动玩法介绍

图 5-45　主播基本信息描述

图 5-46　直播内容描述

图 5-47　商品介绍或物流信息

第6章

引流推广：汇聚百万流量

学前提示

　　每个直播新手都想成长为直播达人，甚至变身为网红达人，其中一个关键就是通过引流推广，使主播快速积累粉丝，增强自身影响力。那么，如何做好直播引流呢？笔者认为可以从站内和站外平台分别进行引流，从而快速汇聚百万流量。

要点展示

- 站外引流：迅速增加影响
- 站内引流：吸引大批粉丝

6.1 站外引流：迅速增加影响

主播可以借助站外平台进行引流，实现直播间的广泛传播，并获取更多目标观众。这一节，笔者就来重点介绍主播需要重点把握的六大站外引流平台。

6.1.1 微信平台：告知朋友直播信息

微信平台引流主要是借助微信这一社交软件，将直播间的相关信息告知微信好友，从而实现引流。具体来说，可以通过微信的四种途径进行引流，一是微信聊天；二是微信公众号引流；三是微信朋友圈引流；四是微信群引流。下面笔者就来分别进行说明。

1. 微信聊天引流

在通过微信聊天进行引流时，主播可以充分利用各个直播平台的"发送给朋友""收藏"和"推荐给朋友"等功能，将直播间分享给微信好友和微信群成员，从而扩大直播内容的覆盖面。

例如，拼多多直播间的站外引流渠道非常多，比较常见的有微信和 QQ 好友引流，同时可以通过复制链接的方式分享到其他站外渠道。下面介绍将直播间分享给微信好友的操作方法。

步骤 ① 在手机端创建直播间后，点击右上角的分享 按钮，如图 6-1 所示。

步骤 ② 在底部弹出的分享菜单中，点击"微信"按钮，如图 6-2 所示。

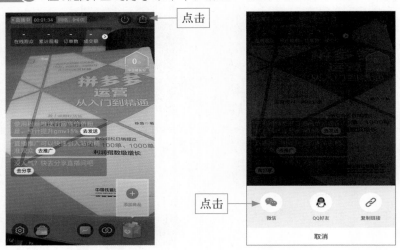

图 6-1 点击"分享"按钮　　　图 6-2 点击"微信"按钮

步骤 ③ 执行操作后，即可打开微信应用程序，并进入"选择"界面，在"最近聊天"列表中选择相应的好友，或者点击"创建新聊天"按钮选择其他的微信好友，如图 6-3 所示。

步骤 04 选择好友后，弹出"发送给"对话框，点击"分享"按钮，如图 6-4 所示。在该对话框的文本框中，主播可以输入一些引流文案，吸引好友点击。

图 6-3 选择相应的好友

图 6-4 点击"分享"按钮

步骤 05 执行操作后，微信好友将收到直播间的链接信息，可点击该链接，如图 6-5 所示。

步骤 06 执行操作后，即可进入直播间，点击播放 ▶ 按钮，即可观看直播内容，如图 6-6 所示。

图 6-5 点击直播间的链接

图 6-6 点击"播放"按钮

2. 微信公众号引流

微信公众号从某一方面来说就是一个个人、企业等主体进行信息发布，并通过运营来提升知名度和品牌形象的平台。主播如果要选择一个用户基数大的平台来推广直播间，并且希望通过长期的内容积累来构建自己的品牌，那么微信公众号无疑是一个理想的传播平台。

在微信公众号上，主播可以通过文章对直播间的相关信息进行介绍，从而将微信公众号的粉丝转化为直播间的粉丝。

公众号可以在后台将用户进行分组，区域化的划分能将用户进行精准定位，分类推送他们感兴趣的直播内容。相对来说，公众号推广直播文案的可操作性更强。如图 6-7 所示，这是"手机摄影构图大全"公众号上发布的直播宣传文案。

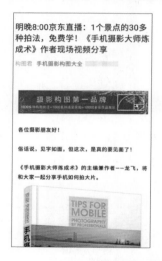

图 6-7　公众号直播宣传文案

另外，公众号还有一个独特优势，就是可以给每位用户发送语音信息。公众号已不仅仅是简单的图文推送，语音夹带着图片的方式越来越受广大用户的喜爱。

声音的传播更具有亲和力，能让用户真真实实地感受到主播传达的信息，对主播有一个初步的定位，不断引人遐想。若是主播的声音甜美有磁性，更是能吸引一批"声控"用户前来观看直播。

3. 微信朋友圈引流

对主播来说，虽然朋友圈单次传播的范围较小，但是从对接收者的影响程度来看，它却具有其他一些平台无法比拟的优势，具体如下。

① 用户黏性强，很多人每天都会翻阅朋友圈；

② 朋友圈好友间的关联性、互动性强，可信度高；

③ 朋友圈用户多、覆盖面广，二次传播范围大；

④ 朋友圈内转发和分享方便，易于内容传播。

那么，主播在朋友圈中进行账号的直播间推广时，应该注意些什么呢？在笔者看来，有两个方面是需要重点关注的，具体分析如下。

（1）主播对于直播间封面的选择要保证其美观性。因为推送到朋友圈的直播，是不能二次自行设置封面的，它显示的就是直播间封面。当然，主播也可以通过 PS 的方式保证推送直播封面的美观程度。

（2）主播在推送分享直播间的同时要做好文字描述。在看朋友圈的内容时，微信好友第一眼看到的就是直播的"封面"和对于直播的文字描述，而直播"封面"能够传递的信息又是比较有限的，因此，许多主播都会通过文字描述将重要的信息呈现出来，一来这有助于让受众了解内容；二来设置得好，可以提高受众点击观看视频的欲望。

直播预热海报文案不仅能在各直播平台上发布，也可在朋友圈进行宣传。首先利用主播自身的关系网，在自己的亲朋好友之间传播，然后再进行朋友间的推广。稳定的人际关系可以使营销转化率更高，而微信朋友圈的使用频率几乎涵盖所有的移动手机用户。

朋友圈直播宣传文案，简单易学，可以转发精心制作的海报或者商品的直拍图，再配上一段能吸引好友关注的文字，就能达到宣传的效果，如图 6-8 所示。

图 6-8 朋友圈直播宣传文案示例

另外，主播在进行朋友圈文案宣传时，不能过度夸大产品效果，否则当用户使用商品效果没有达到期望值时，就会对商品甚至主播的信任度下降。长此以往，用户会对主播发布的信息产生厌烦之感。

那么，主播发布的信息文案如何写才能在朋友圈引起关注呢？笔者为大家总结了四大技巧，以供读者参考，如图 6-9 所示。

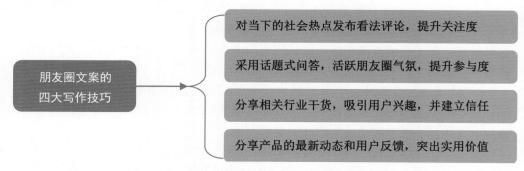

对当下的社会热点发布看法评论，提升关注度

朋友圈文案的
四大写作技巧

采用话题式问答，活跃朋友圈气氛，提升参与度

分享相关行业干货，吸引用户兴趣，并建立信任

分享产品的最新动态和用户反馈，突出实用价值

图 6-9　朋友圈文案的四大写作技巧

1）社会热点

在进行直播宣传之前，主播可以提前预热朋友圈人气，实时关注社会热点，发表自己的见解。这样有相同见解的用户就会进行点赞，见解不同的也可以在评论区发表自己的看法，相互讨论，营造一种积极向上的朋友圈氛围。久而久之，每当用户遇上国家大事或者社会舆论想要发表见解的时候，就会下意识地观看主播的朋友圈文案。这时候，恰当的直播推广也不会引起用户反感，反而会带来意想不到的效果。

2）话题式问答

一问一答式朋友圈文案能积极调动用户的参与感。主播可以在朋友圈发布脑筋急转弯、星座测试、性格测试或一些其他有趣的小调查、小测验等，如图 6-10 所示。

图 6-10　问答式朋友圈文案

此外，有奖问答是用户始终热衷的活动之一。主播可以针对直播间的相关内容，或者产品的相关知识提出一些小问题，吸引用户有奖竞猜，这样既能调动朋友圈用户的热情，又增强了用户对直播间的了解，两全其美。

3）行业干货分享

从用户遇到的普遍问题出发，主播可以分享这些问题的解决办法。相关行业内的专业知识主播可以用通俗易懂的文案表达出来，也可以制作成视频，这样既可以帮助有兴趣但看不懂专业知识的用户快速学会，又可以建立与用户的信任关系。

4）产品最新动态和用户反馈

产品的最新动态文案是用户点击进入直播间的窗口。试想一下，如果用户连你在卖什么产品都不知道，又如何购买产品呢？分享产品的最新动态，让用户关注并了解，进而才能激发用户进入直播间的兴趣。

用户反馈就是通往用户购买产品的桥梁。产品效果好不好，主播一个人的评价是没有用的。主播分享在朋友圈的用户反馈文案，不仅能提升产品价值，还能抓住目标客户，为以后用户购买产品打下坚实的基础。另外，主播也可以通过日常寒暄的形式，在不经意间将产品推广出去。

4. 微信群引流

相对于朋友圈来说，微信群是一个更私人化的平台。有些用户不会天天登录直播平台，但会使用微信进行日常的交流，这时微信群就是一个另类的直播宣传工具。

微信群可以帮助直播主播把感兴趣的朋友聚集在一起，每天分享观看直播体验或者产品效果。主播也可以实时收获直播经验，及时总结自己的优缺点，打造一个私人化的流量平台。

专家提醒

值得注意的是，由于微信群的私密性，有些直播用户不喜欢大量的垃圾广告和宣传，从而屏蔽微信群，推广效果就会大打折扣。那么，这就要求主播把握微信群推广直播的频次和质量，最大限度地保持直播用户的兴趣。

微信群的直播引流，还可以采用一些小活动，比如发红包吸引已在微信群的用户邀请新用户进群，或者微信群满 200 人就进行免费抽奖活动。由此可见，能真正赚钱的微信群一般不会直接打广告，也不会直接推广直播产品，通常通过微信群赠送礼物、贡献价值、互拉好友的方式来提高购买率。

6.1.2 QQ 平台：借助社群传播直播

腾讯 QQ 有两大引流利器，一是 QQ 群，二是 QQ 空间，都可以用来给直播间引流。接下来，笔者就分别进行说明。

1. QQ 群引流

无论是微信群，还是 QQ 群，如果没有设置"消息免打扰"，群内任何人发布信息，群内其他人都是会收到提示信息的。因此，与朋友圈和微信订阅号不同，通过微信群和 QQ 群推广直播间，可以让推广信息直达受众，这样一来受众关注主播账号和直播间的可能性也就更大了。而且微信群和 QQ 群的用户都是基于一定目标、兴趣而聚集在一起的，因此，如果主播推广的是具有一定专业性的直播内容，那么微信群和 QQ 群无疑是非常好的推广平台。

另外，相对于微信群需要推荐才能加群而言，QQ 群明显更易于添加和推广。目前，QQ 群有许多热门分类，主播可以通过查找同类群的方式加入，然后再通过账号分享进行推广。QQ 群推广的方法主要包括 QQ 群相册、QQ 群公告、QQ 群论坛、QQ 群共享、QQ 群动态和 QQ 群话题等。

以利用 QQ 群话题来推广直播间为例，主播可以通过相应人群感兴趣的话题来吸引 QQ 群用户的注意力。如在摄影群里，主播可以先提出一个摄影人士普遍感觉比较有难度的摄影场景，引导大家评论，然后再适时分享一个能解决这一摄影问题的直播间。这样的话，有兴趣的用户一定不会错过主播的直播。

目前，部分直播平台不能直接将直播间转发至 QQ 群。在这种情况下，主播如果想借助 QQ 群进行引流，还得转变一下思路。比如，可以通过在 QQ 群发布直播间账号的主页信息，在增加直播间曝光率的同时，将 QQ 群成员转变成主播的直播间账号粉丝。

2. QQ 空间引流

QQ 空间是主播可以充分利用的一个好平台。当然，主播需要先建立一个昵称与直播间账号相同的 QQ 号，这样更利于积攒人气，吸引更多用户前来关注账号和观看直播。下面就为大家介绍五种常见的 QQ 空间推广方法，具体如下。

（1）QQ 空间链接推广：利用"小视频"功能在 QQ 空间发布直播间相关内容的短视频，QQ 好友看到后可以点击查看。

（2）QQ 认证空间推广：订阅与产品相关的人气认证空间，更新动态时可以通过评论为直播间账号引流。

（3）QQ 空间说说推广：QQ 签名同步更新至说说，用一句有吸引力的文案引起受众的关注。

（4）QQ 空间相册推广：很多人加 QQ 都会查看相册，因此，在相册中呈现直播间的相关信息也是一个很好的引流方法。

（5）QQ 空间分享推广：利用分享功能分享直播间的相关信息，好友点击标题即可查看直播内容。

6.1.3　微博平台：两大功能广而告之

在微博平台，主播可以借助微博的两大功能来实现其推广目标，即"@"功能和预热海报动态。

在进行微博推广的过程中，"@"功能非常重要。主播可以在博文里"@"知名人士、媒体或企业，借助其流量扩大自身影响。若明星在博文下方评论，则博文会受到很多粉丝及微博用户关注。

另外，为了保证直播的顺利进行，主播可以通过微博等渠道对直播进行预热，提前吸引用户关注，以保障直播的流量来源。常见的微博直播预热海报类型有以下三种，如图 6-11 所示。

图 6-11　常见的预热海报类型

专家提醒

如果直播预热的效果良好，甚至超出了预期值，那么主播由此可判断活动很受欢迎，从而提前准备欢迎更多的参与者，同时加大用户福利，提前做好平台人数测试；如果直播预热的效果不佳，那么可能是活动策划有问题，例如海报的设计不符合用户定位，用户福利或抽奖赠送力度不够大，活动形式不够吸引人等，主播要根据实际情况作出调整。

1. 产品展示型

产品展示型直播海报直截了当、开门见山，能够最大限度地让用户了解直播的目的。海报上的文案内容须注明直播的时间和地点，直接展示产品内容，用尽可能少的文字说明直播的主题。

如图 6-12 所示，这是某服装品牌直播间，可以看出，该直播就是主打开学季新生服装。海报上没有多余文字，直接点明时间、地点和主题，然后通过放大文字、展示服装的方法，在最短的时间内吸引用户注意。

图 6-12　产品展示型宣传海报

这种直播海报类型简洁明了，既能清晰表达直播目的，又能节约制作成本，避免因海报过分复杂带来的人力、物力的浪费，也可避免部分用户因不喜欢花里胡哨的内容而导致用户的流失。

俗话说"浓缩的就是精华"，如何用最简短的文字表达出最多的内容，这对主播来说也是一大挑战。主播也可借助图片、动画等内容来打造直播海报，将图片与文字相结合，共同发挥语言与图画的魅力。

2．突出嘉宾型

突出嘉宾型海报主要是借助嘉宾的人气流量，产生"名人效应"，进一步扩大宣传力度，利用嘉宾的人物形象，让用户产生强烈的兴趣。如图 6-13 所示，这是某嘉宾写真，主播可以自主在图中加入直播预热海报的宣传内容。

专家提醒

　　这里的嘉宾不仅是指明星代言，还可以是行业大咖、职业专家以及网红主播等。这种类型的海报文案也不需要其他花里胡哨的内容，在海报中加入一位或多位嘉宾即可显示出直播的规模，扩大微博直播预热的影响力。

看看我们直播间把谁请来了？
晚上八点不见不散～
知名模特和我们一起探讨穿搭秘诀～
转抽新品外套一件，只抽粉丝哦～

💬 评论   👍 赞

图6-13　突出嘉宾型宣传海报

3．引起共鸣型

引起共鸣型海报就是打感情牌，通过挖掘产品背后的故事，以情动人，以求能与用户达到情感上的共鸣。这一类型的海报大多旨在营造一个温暖动人的氛围，谋求与用户建立情感上的联系，如永久温暖的亲情、白头偕老的爱情和互帮互助的友情等。

有了好的直播海报策划还不够，海报的制作过程也非常重要。笔者总结了主播制作海报时需要特别注意的三个问题。

（1）像素问题。如果海报模糊，非常影响用户的观看体验度，极有可能导致预热失败。

（2）色调问题。海报色调要尽可能地统一，尽量控制在三种色调之内，这样会更有视觉冲击力。同时，色彩的选用也应考虑直播间所需营造的氛围，不同的颜色所营造的感情基调也不同。

（3）文字问题。由于海报主要起宣传作用，图片更容易被用户接受，所以海报中应尽可能少地出现文字。同时，文字的式样、大小和呈现形式都应精心设计。

6.1.4　快手平台：借助视频推广账号

快手是一个拥有巨大流量的平台，自然成为各大主播引流的一大阵地。

快手短视频平台背后庞大的观看群体，对网络营销而言就是潜在用户群，而如何将各视频平台的用户转化为自己直播间的粉丝，才是主播在这一平台进行引流推广的关键。对于主播来说，比较简单、有效的引流方式便是在快手短视频平台上传与自己直播间相关的视频。还有一种方法，就是主播可以在快手上进行同步直播，多平台直播吸引更多粉丝。当然，这一方法也能运用在抖音平台的引流上。

6.1.5　抖音平台：原创视频吸引关注

抖音作为一个用户众多的社交类视频平台，吸引了许多明星、网红的入驻。正因为如此，主播如果想对直播进行引流推广，抖音一定是一个不容错过的平台。通过抖音平台引流的方法很简单，主播只需要在抖音上发布相关的原创视频，便可以达到宣传、推广和引流的作用。

那么，主播该如何进行抖音引流？笔者认为，可以参照如图 6-14 所示的一位主播的方法，在发布的抖音短视频中插入自己的相关账号信息。这样，当其他用户看到该视频时，如果对其内容感兴趣，即可搜索或直接关注主播账号。当主播开播时，系统会将直播间推送给已关注用户，引导他们观看直播。

图 6-14　抖音引流

6.1.6　百度平台：善用 PC 搜索引擎

作为中国网民经常使用的搜索引擎之一，百度毫无悬念地成了互联网 PC 端强劲的流量入口。具体来说，主播借助百度引流推广主要可从百度百科和百度知道这两个平台切入。

1. 百度百科

百科词条是百度百科营销的主要载体，做好百科词条的编辑对主播来说至关重要。百科平台的词条信息有多种分类，但对于主播的引流推广而言，主要的词条形式包括四种，具体如下。

（1）行业百科。主播可以以行业领头人的姿态，参与行业词条信息的编辑，为想要了解行业信息的用户提供相关行业知识。

（2）企业百科。主播所在企业的品牌形象可以通过百科进行表述，许多汽车品牌在这方面就做得十分成功。

（3）特色百科。特色百科涉及的领域十分广泛。例如，名人可以参与自己相关词条的编辑。

（4）产品百科。产品百科是消费者了解产品信息的重要渠道，能够起到宣传产品，甚至是促进产品使用和产生消费行为等作用。

对于主播，特别是对于大型商家或企业主播的引流推广而言，相对比较合适的词条形式无疑是企业百科。例如，主播采用企业百科的形式，多次展示企业名称和企业号名称，从而提高企业的曝光率。

2．百度知道

百度知道是网络营销引流推广的重要方式，因为它的推广效果相对较好，能为主播及其企业带来直接的流量。基于百度知道而产生的问答营销，是一种新型的互联网互动营销方式，问答营销既能为主播植入软性广告，也能通过问答来挖掘潜在用户。

例如，主播可以通过"自问自答"（一个账号提问，另一个账号回答问题）的方式，介绍自己直播间的相关信息，让用户在看到问答之后对直播间产生兴趣，从而让直播间获得更多的流量。

6.2　站内引流：吸引大批粉丝

在各大自媒体直播平台都为主播提供了一些引流功能，主播可以充分利用这些功能进行引流推广。这一节，笔者就来为大家介绍七种直播平台站内引流的技巧。

6.2.1　SEO引流：实现站内内容霸屏

SEO（Search Engine Optimization，搜索引擎优化）是指通过对内容的优化获得更多流量，从而实现自身的营销目标。所以，说起SEO，许多人首先想到的可能就是搜索引擎的优化，如百度平台的SEO。

其实，SEO不只是搜索引擎独有的运营策略，直播间同样可以进行SEO的优化。比如，主播可以通过对直播内容的运营，实现内容霸屏，从而让直播间获得快速传播。

直播间 SEO 的关键在于关键词的选择。而关键词的选择又可细分为两个方面，即关键词的确定和使用。

1. 直播关键词的确定

用好关键词的第一步就是确定合适的关键词。通常来说，关键词的确定主要有以下两种方法。

1）根据内容确定关键词

什么是合适的关键词？笔者认为，它首先应该是与直播间的账号定位以及直播内容相关的。否则，用户即便是看到了主播的直播间，也会因为内容与关键词不对应而直接滑过，而这样一来，选取的关键词也就没有太大积极意义了。

2）通过预测选择关键词

除了根据内容确定关键词之外，还需要学会预测关键词。用户在搜索时所用的关键词可能会呈现阶段性的变化。具体来说，许多关键词都会随着时间的变化而具有不稳定的升降趋势。因此，主播在选取关键词之前，需要先预测用户搜索的关键词。下面，笔者从两个方面分析介绍如何预测关键词。

社会热点新闻是人们关注的重点，当社会新闻出现后，会出现一大拨新的关键词，搜索量高的关键词就叫热点关键词。因此，主播不仅要关注社会新闻，还要会预测热点，抢占有利的时间预测出热点关键词，并将其用于直播间宣传。下面，笔者介绍一些预测热点关键词的方法，如图 6-15 所示。

预测社会热点关键词	
	从社会现象入手：寻找比较少见的社会现象和新闻
	从与众不同入手：寻找比较有特点的社会现象或新闻
	从用户喜好入手：寻找大多数人会感兴趣的社会新闻
	从用户共鸣入手：寻找大多数人都有过类似状况的新闻

图 6-15 预测社会热点关键词的方法

除此之外，即便搜索同一类物品，用户在不同时间段选取的关键词也存在一定的差异性。也就是说，用户在搜索关键词的选择上可能会呈现出一定的季节性。

值得一提的是，关键词的季节性波动比较稳定，主要体现在季节和节日两个方面。如用户在搜索服装类内容时，可能会直接搜索包含四季名称的关键词，即春装、夏装等；节日关键词会包含节日名称，即春节服装等。节日性的关键词预测还是比较容易的，可从以下几个方面进行预测，如图 6-16 所示。

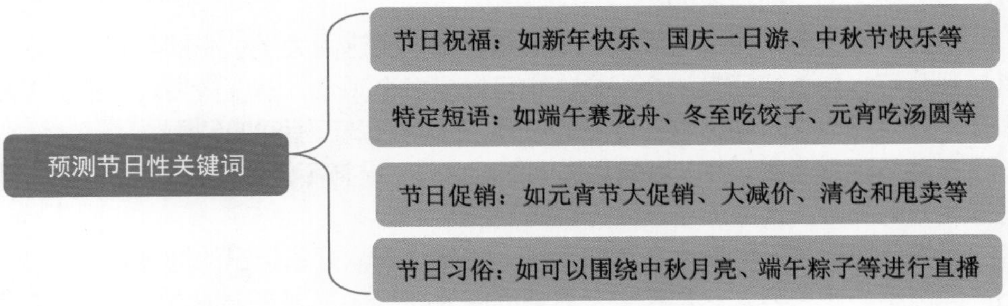

图 6-16　预测节日性关键词

2．直播关键词的使用

在添加关键词之前，主播可以通过查看朋友圈动态、微博热点等方式，抓取近期的高频词汇，将其作为关键词嵌入自己的直播中。

需要特别说明的是，主播统计出近期出现频率较高的关键词后，还须了解关键词的来源，只有这样才能让关键词用得恰当。

除了选择高频词汇之外，主播还可以通过在账号介绍信息和视频文案中增加关键词使用频率的方式，让内容尽可能地与自身业务直接联系起来，从而给予用户一种专业的感觉。

6.2.2　互推引流：直播互推双倍流量

"互推"就是互相推广的意思，大多数主播通过直播都可以获得一批粉丝，只是粉丝数量有多有少而已。当主播的粉丝很少，观看直播的人数不太多的时候，主播可以通过与其他主播进行互推，让更多观众看到自己的直播间，从而扩大直播间的传播范围，获得更多流量。

在直播平台中，主播之间进行互推的方式很多，其中最直接有效的一种互推方式就是邀请另一位主播连麦，或者进行 PK（源于 Player Killing，意为切磋、对决），抑或一起直播玩游戏等，让用户不管是在谁的直播间，都能直接看到两位主播的直播情况。

对于主播来说，互推是一种双赢的引流推广方式。借助互推，主播可以将对方的一部分粉丝转化为自己的粉丝。对于刚起步的小主播来说，找到大主播进行互推，是一种最快的吸粉引流方式。

主播连麦是直播应用一股新的潮流。据分析，有进行主播连麦活动的直播间比没有连麦的用户数量要高得多，连麦的直播间活跃度很高，用户的参与感更强。

主播在进行引流时，也可以将主播连麦作为主打活动宣传，向用户展现出个性突出、多才多艺的主播形象。

主播连麦又分为主播与观众、主播与主播连麦这两大类。主播与观众连麦，参与观众可以是直播间某一个观众，也可以是多个观众，旨在提高观众的参与积极性，并且其他观众能够看到连麦的过程，从而活跃直播间的氛围。

主播与观众连麦，可以增强直播间的趣味性。这样不管你是来自北方的草原，还是南方的湖畔，都能通过连麦无障碍交流。

主播还可以进行一些小游戏和活动，例如让观众分享自己的地域文化，或是出一些竞猜小题目等。这样在一个直播间就能在线体会到多个地方的文化，在引发关注度的同时，也能让直播间内容变得更丰富全面。如图 6-17 所示，这是抖音直播平台主播与观众连麦界面。

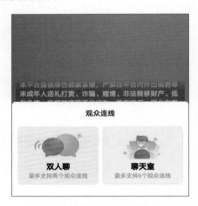

图 6-17　抖音直播平台的连麦功能

主播与主播之间连麦，主要是 PK 的方式，展示主播的个人特长或才艺。

作为一个新主播，不要害怕与"大主播"连麦，赢了当然更好，输了也不要紧，可以快速提升直播间的人气。流量多的直播间氛围好，与这类型的主播连麦时，重点是展示自己的才艺，博取用户的好感，争取更多用户的关注。如图 6-18 所示，这是拼多多直播平台上主播与主播之间的连麦。

专家提醒

　　在遇到"大主播"时，可以适当地刷一下礼物。适当地刷礼物能加深"大主播"对自己的印象，提升直播间用户的好感，就像是新客登门拜访随手带点小礼物一样。俗话说"礼轻情意重"，礼物的多少不重要，重要的是态度和心意。

图 6-18　拼多多直播平台的连麦功能

　　值得注意的是，主播在选择连麦对象时还得有一定的"眼力"。如果对方主播正在倾诉情感，或者情绪起伏较大时，笔者建议各位主播可以暂缓连麦或是重新选择连麦对象。

　　另外，笔者为大家总结了连麦时的四大禁忌，请大家在直播时切记不要出现这些问题，否则会很容易造成粉丝的流失。

　　第一，切忌喧宾夺主。不管是遇上同级别的主播还是"大主播"，都不要不分主次。俗话说"来者是客"，客人不可抢了主人家的光辉。

　　第二，切忌生拉硬拽。连麦目的虽然是提升直播间的人气，但是在观众并没有关注自己直播间兴趣的时候，主播切记不要强硬拉动观众，这样不仅不会引来粉丝关注，还会引起观众的反感，甚至发生"掉粉"行为。

　　第三，切忌扭扭捏捏，放不开。连麦是一个互动的过程，要么不连，连上了就大大方方地展示自己，这也是作为一名主播的专业素养。

　　第四，切忌不尊重对手。例如，音乐声音开很大，不给对方主播说话的机会。连麦其实是一个互利的过程，给对方机会也是给自己多一条选择的道路。

　　除此之外，还有一种类型就是"小主播"，有一定的粉丝基础但是又比不上"大主播"粉丝那么多，那么连麦也是其最佳选择之一。连麦可以增加直播间的曝光度，只要有机会，都可以连麦。就算直播预热文案的效果不佳，连到一个"大主播"也能快速增加直播间的人气。

6.2.3　粉丝分享：直播预热的好方法

直播间的分享通道也不失为直播预热的一个好办法。以哔哩哔哩直播平台为例，虽然直播尚未开始，但是只要有直播预约，用户就可以搜索到主播的直播间，同时在直播封面右上角会出现"未开播"字样，如图 6-19 所示。点击进入直播间，界面上方会显示"主播未开播"，点击右上角的设置按钮▐，用户也可以将直播分享给好友。

直播间用户的分享是较为私人的，平台限定用户只能将直播间分享给自己的 QQ 好友、微信好友，或者分享至 QQ 空间、朋友圈，如图 6-20 所示。这意味着分享的人群为用户较为信任的人，这样的分享能确保直播推广的效果。

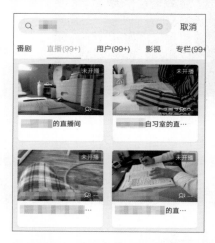

图 6-19　哔哩哔哩未开播直播案例

图 6-20　哔哩哔哩直播分享渠道

6.2.4　同城定位：拉近观众间的距离

以抖音直播为例，直播推荐分为两种，一种是全平台推荐，另一种是同城推荐。通常来说，同城会根据用户位置自动定位，界面会显示直播间与观众的距离，靠近右边中间位置会有直播提示，抖音用户只需点击其所在的位置，便可直接进入直播间，如图 6-21 所示。

不要小看由同城进入直播间的用户，人气都是一点一点聚集起来的，积少成多就是这个道理。与此同时，在同一个地方，用户与用户、用户与主播之间都带有独特的亲和力。主播操作得当的话，同城也将会是直播间吸粉引流的重要途径之一，如图 6-22 所示。

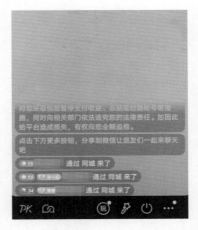

图 6-21　抖音同城推荐界面　　　图 6-22　通过同城界面进入直播间的用户

6.2.5　账号简介：吸睛简介更易涨粉

为了方便用户查找，主播在设置账号简介时，可以写上直播的时间和内容。如图 6-23 所示，这是抖音短视频平台某主播简介。

图 6-23　抖音某主播主页简介

除此之外，直播账号简介应具有明确的辨识度，让观众能够一眼记住。主播可以根据自身的风格完善账号简介，例如加上自己的亲身经历、表情包等。

对于主播来说，账号的简介越详细越好。账号内容越多，越有助于用户构建主播的人物模型，丰富主播的人物形象。拥有千万级粉丝的账号简介文案中，不仅有主播自身编辑的账号内容，还有用户对他的评价，以及主播参与的社会活动都会显示在内，如图 6-24 所示。

图 6-24　千万级粉丝账号的简介文案

　　主播应保证直播的频率，这样有利于粉丝形成惯性，能够长期地关注主播。同时，主播应有自己固定的时间段进行直播，不要随意更换。如图 6-25 所示，这是有固定直播频率的直播间。可以看到，该主播每天都会进行直播预告，并且每天直播的时间都固定在晚上七点半。

图 6-25　固定直播时间的简介文案示例

　　此外，主播也可以根据目标用户的休闲时间来确定开播时间。如果主播的目标用户是上班族，那就尽量选择周六或者周日进行直播；如果目标用户是大学生，则可以选择在晚上进行直播。当然，如果是全职主播，那么根据自身的实际情况，什么时间段进行直播都是可以的。

　　另外，根据直播的规模不同，直播的预热时间也不同。有的预热时间长达两三个月，有的预热时间只有短短两三天。如果直播活动较为急迫，那么预热时间短，主播须快速整合资源，集中推广，保证稳定的用户人数，争取更多新用户。当预热时间充足时，就可分阶段进行预热宣传，巧妙借助宣传期间发生的热点，借势得到更多的曝光机会。

预热期间有些热点是可预知的，例如中秋节、国庆节、奥运会等。主播可以提前策划活动热点，将热点与直播间结合起来，找到两者的共性。等快到热点爆发期间，再将其放到账号简介中，从而收获流量用户，争取达到最大的曝光度。

做直播预热文案时还有些热点是不可预知的。遇到这种情况，主播要快速反应，判断热点与直播间是否匹配，能否找到共同点，找出借势的优点和缺点。预热只是直播的前期工作，倘若借势不当，不仅前功尽弃，后期的直播可能也无法进行。在预热时，一些负面的、无关的热点，主播不要盲目从众，要有自己的判断和想法，对于合适的热点，也应思考如何搭上"顺风车"。

6.2.6　直播分类：做好分类精准引流

通常来说，人们会对自己比较关注的话题投入更多的注意力，针对这一特点，主播在进行直播内容生产和发布的时候，可以借助直播平台自带的分类功能，把自己的直播间做好精准分类。

比如，在斗鱼直播中，把直播类型分为"网游竞技""单机热游""颜值""科技文化""语音互动"等大的类别。而在每一个大类别中，又有许多小的分类，比如"网游竞技"这个大类别下，就有"英雄联盟""绝地求生""穿越火线""使命召唤"等，在每一种类别下，用户还能看到该分类直播间的热度，如图6-26所示。

图6-26　斗鱼直播的分类

用户在直播平台挑选直播间进行观看的时候，首先会选择自己关注的主播，其次就会根据自己的兴趣爱好在"全部分类"页面找到自己喜欢的直播。因此，主播对自己的直播做好合适、恰当的分类，就能为自己的直播间精准地吸引到粉丝。一般来说，通过这种方式吸引到的粉丝黏性会更强。

如图 6-27 所示，这是斗鱼直播中某主播对自己的直播间进行分类，精准地吸引到了不少粉丝。

图 6-27　某主播对直播间进行分类

6.2.7　红包引流：用利益提高留存率

主播通过红包、抽奖等方式能为观众带来实际利益的互动方式，都能很好地提高观众的留存率，从而为直播间带来人气与热度。

如图 6-28 所示，这是拼多多直播平台某主播通过抽奖的方式引流。

图 6-28　直播抽奖引流

主播可以通过"粉丝推送"服务，在拼多多直播间给粉丝发送红包，从而轻松唤醒店铺内沉寂已久的粉丝，让直播间能够精准触达高价值粉丝，具体作用如图 6-29 所示。

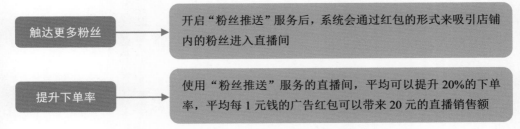

图 6-29 设置"粉丝推送"的注意事项

主播可以在拼多多商家版手机端创建直播间，然后在"营销工具"菜单中点击"粉丝推送"按钮，打开"粉丝推送服务"界面，设置相应的"购买粉丝推送金额"选项，同时系统会按照该金额的 100 倍来自动计算"投放的粉丝数量"，如图 6-30 所示。

点击"粉丝自动推送服务设置"按钮，弹出"是否开启粉丝自动推送服务"对话框，设置相应的"每日最大推送数"选项，如图 6-31 所示。

图 6-30 设置推送金额

图 6-31 设置推送数

选择"请选择时间"选项，设置具体的推送时间。点击"确认开启"按钮并支付成功后，粉丝将会收到"红包推送"的提醒信息，粉丝点击推送信息后，即可进入直播间领取红包。

第7章

直播运营：增加成功概率

**学前
提示**

　　直播运营要想获得成功，就应该有一个周密的策划流程。如果只是敷衍了事，那么就很难获得用户的关注和喜爱。

　　本章将向大家介绍直播运营的几大要点，旨在帮助大家熟悉流程，掌握直播运营的技巧。

**要点
展示**

- 内容创作：需要全面考量
- 剧本策划：决定直播效果
- 营销推广：吸引更多关注

7.1 内容创作：需要全面考量

利用直播进行营销，内容往往是最值得注意的。只要主播为观众持续提供优质内容，就能吸引到更多粉丝和流量，打造出火爆的直播间。因此，主播需要多方面、全方位地进行考量，为创作优质内容打好基础。

本节将从内容包装、互动参与、内容生产、内容攻心、突出卖点、创新内容、增值内容和专业内容等方面介绍主播要如何提供优质的直播内容。

7.1.1 内容包装：带来更多曝光机会

对于直播内容营销来说，它终归还是要通过盈利来实现自己的价值。因此，内容的电商化非常重要，否则难以持久。要实现内容电商化，首先要学会包装内容，给内容带来更多的额外曝光机会。

对于直播内容来说，主播可以就当前热点事件、社会新闻以及影视明星等更受观众关注的话题，与自己的直播内容相结合，通过"蹭热度"的方法，借助影视明星和热点事件自带的流量，吸引到更多观众的观看。

不过，主播需要注意的是，在"蹭热度"的时候，一定要确保自己的内容没有违背社会主流价值观和主流思想，否则容易"翻车"，让自己的直播内容引起观众的反感，更有甚者还会被主流媒体批评。

例如，曾经的某位斗鱼主播就在自己的直播间拿民族历史开玩笑，最终被封杀，这是一个失败的直播内容包装案例，需要每一位主播引以为戒。

7.1.2 互动参与：实时了解粉丝动态

内容互动性是联系观众和直播间的关键，直播推送内容或者举办活动，最终的目的都是和观众交流互动。

直播内容的寻找和筛选对观众和观众的互动起着重要的作用。内容体现价值，才能引来更多粉丝的关注和热爱，而且内容的质量不是从粉丝数量来体现的，和粉丝的互动情况才是最为关键的判断点。

例如，在斗鱼直播平台，就有"鱼吧"这一板块，主播可以在这一板块发布各种动态，与粉丝实现实时互动，如图 7-1 所示。

通过"鱼吧"这一板块，主播可以随时与粉丝进行互动，在这里发布直播信息，进行抽奖，或者仅仅是分享日常。这样做不仅拉近了主播与粉丝之间的距离，更为主播固粉、提高粉丝留存率提供了条件。

7.1.3 内容生产：观众创作更加活跃

让观众参与直播内容生产，这不仅局限于观众与主播的互动，更重要的是让观众真正地参与到主播举办的直播活动中来。当然，这是一个需要周密策划的过程，在这个过程中，好的主播和优质的策划都十分重要。

图 7-1　斗鱼"鱼吧"板块

　　如图 7-2 所示，这是一位 B 站 UP 主发布的动态，并在动态中进行粉丝问答，回答粉丝的问题，收集其中几个拍成视频进行解答。这种与粉丝进行互动，由粉丝决定新视频拍摄内容的方式值得新主播学习，主播可以在直播之前询问粉丝他们想看什么样的内容，并根据粉丝的喜好进行直播。

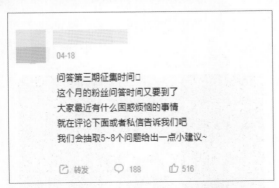

图 7-2　某 B 站 UP 主的粉丝问答活动

图 7-2　某 B 站 UP 主的粉丝问答活动（续）

7.1.4　内容攻心：情景诱导打动粉丝

直播的内容只有真正打动观众的内心，才能吸引他们长久关注，也只有那些能够留住与承载观众情感的内容才是成功的直播内容。对于电商直播来说，在内容攻心基础上加入电商元素，就有可能引发更大、更火热的抢购风潮。

直播内容并不只是用文字、图片等形式堆砌起来就行了，而是需要用许多内容、全方位地拼凑成一个带有画面的故事，让观众在观看直播的同时想象出一个与生活息息相关的场景，这样才能更好地勾起观众继续观看直播的兴趣。

简单来说，就是需要主播把自己的直播或者是要带货的产品用内容体现出来，而不是直接告诉观众这是什么，要告诉他们这是干什么的。

如图 7-3 所示，这是西瓜视频直播中，一位主播进行产品带货。在这个直播中，主播并没有直白地给观众介绍商品有多好，而是采用闲聊的方式和生活化的场景，为观众展示他平时在市场上卖货的情景，从而吸引更多观众。

图 7-3　内容攻心的直播

7.1.5　突出卖点：网络思维表达卖点

如今是一个自媒体盛行的时代，也是一个内容创作必须具有互联网思维的时代，更是一个碎片化阅读的时代。对于做直播的主播来说，尤其是电商直播，如果没有在适时的情境下表达产品卖点，告知观众这一产品怎么卖、在哪里卖的话，我们几乎可以断定那将是一场失败的直播。

做电商直播，尤其是内容电商的直播，并不像其他娱乐直播一样要让观众发笑，而是需要达成销售目标，促成盈利。因此，如何激发观众的购买冲动才是电商直播内容创造的关键。

而主播在进行电商直播的时候，要想成功地将产品卖点展现给观众，就需要契合当前平台，运用互联网思维，对市场、产品、消费者，甚至整个行业的生态链重新思考，用全新的角度来看问题。那么，主播该如何运用互联网思维来进行直播？笔者认为，可以遵循四点原则，如图 7-4 所示。

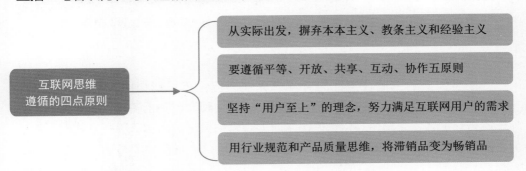

图 7-4　互联网思维遵循的四点原则

7.1.6　创新内容："无边界"带来新意

"无边界"内容指的是有大胆创意、不拘一格的电商直播带货方式。比如平时常见的有新意的广告内容中没有出现产品的身影，但表达出来的概念却让人无法忘怀。由此可以看出，"无边界"内容的影响力之深。

例如，晨光文具开学季的营销内容就是很好的"无边界"内容，整则广告都没有出现产品，却又让观众对其产品有了深刻印象，如图 7-5 所示。

晨光的这则广告营销对主播直播内容的策划有很大的启示意义，主播在进行直播时，要对自己的直播内容多多创新，创造一些"无边界"的优质内容，以吸引更多观众的注意。如图 7-6 所示，这是斗鱼直播中的一个"无边界"直播内容。

当看到直播间标题的时候，很多观众都会以为这是一个日常直播，为观众分享美食做法，很难想到这是一个为农副产品带货的直播间。这种将带货目的隐藏在"无边界"创意直播内容中的营销活动，更容易产生意想不到的效果。

"无边界"直播内容更易被观众接受，而且会悄无声息地引发他们的购买欲望。当然，主播在创造"无边界"直播内容时，一定要设身处地地为观众着想，才能让观众接受自己的产品和服务。

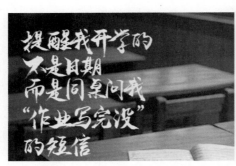

图 7-5 晨光"无边界"营销内容　　图 7-6 斗鱼"无边界"直播内容

7.1.7　增值内容：满足观众软性需求

很多优秀的主播在直播时并不是光谈产品，还为观众提供产品的增值服务，不仅让观众在直播中下单购买产品，还能让观众收获相关知识或者技巧，一举两得。那么，为满足观众软性需求，为观众提供增值内容有哪些方式呢？笔者将其大致分为三种，如图 7-7 所示。

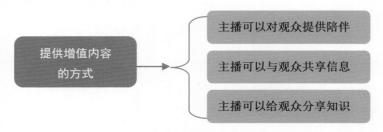

图 7-7　提供增值内容的方式

最典型的增值内容就是让观众从直播中获得知识和技能，一些电商直播平台在这方面就做得很好。进行电商直播带货的主播纷纷推出产品的相关教程，给观众提供更多软需的产品增值内容。

例如，淘宝直播中的一些美妆直播，主播一改过去长篇大论介绍化妆品成分、特点、功效、价格、适用人群的老旧方式，直接在镜头面前展示化妆过程，边化妆边介绍产品。如图 7-8 所示，这是主播为观众介绍指甲油的用法，并解答观众对指甲油的种种疑惑的直播。

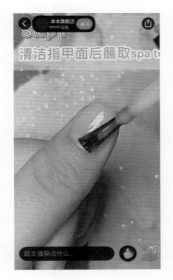

图 7-8　介绍指甲油的直播

7.1.8　专业内容：CEO 上阵引关注

　　自从直播行业开始火热，各大网红层出不穷，也造成观众一定的审美疲劳，并且有一部分网红的直播内容没有深度，并不能给观众带来积极影响。

　　因此，很多进行电商直播带货的企业 CEO 亲自上阵。对于普通观众来说，CEO 本身就具有吸引力，再加上他们对产品的专业性了解也会让观众对直播内容有更多的期待。

　　当然，一个企业的 CEO 想要成为直播内容的主导者，也需要符合一些条件，笔者总结了三个条件，如图 7-9 所示。

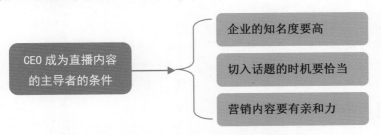

图 7-9　CEO 成为直播内容的主导者的条件

7.2　剧本策划：决定直播效果

　　直播行业，剧本的优异程度决定着直播效果的好坏。一个好的剧本策划，能让主播对直播有一个整体的把握，什么时间该做什么事、一个产品要介绍多久、如何介绍，这些都是需要主播把控的。剧本决定着直播的流程，一个再好的主播也得对直播进行有层次、有逻辑的划分，不能张口就来。因此，直播过程中的剧本内容是必不可少的。下面笔者将为大家介绍剧本内容的设置过程。

7.2.1　宣传标签：设置标签增加曝光度

在策划直播剧本内容时，首先要对整场直播设置标签。主播在平日里应该对自己的风格定位有一个了解，在设置标签时，可以采用多个关键词。例如，户外类主播可设置"户外""旅行""交友"等多个标签。

标签设置得精准可以获得更多的平台推荐次数，增加直播内容的曝光度，吸引更多的流量和粉丝。"踩中标签"还有利于体现内容的垂直度，从而提升账号权重。

主播在设置直播标签时，需要注意以下几点，如图 7-10 所示。

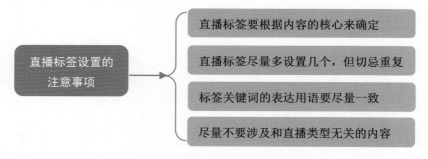

图 7-10　直播标签设置的注意事项

专家提醒

需要注意的是，主播在设置直播标签时，如果遇上直播高峰期，那么就可以考虑要不要避开"主播大咖"的标签。

因为标签重复的话，观众流量很容易流向"大主播"，小主播自己的直播间就很容易被覆盖掉。当然，还有另一种方法就是避开直播高峰期。

主播可以选择比较冷门的时间进行直播，并在直播中设置较为热门的标签，比如 6 点到 12 点，这段时间做得好的话流量也是会随着"大主播"流量上升的，还不会被"大主播"分走流量。

如图 7-11 所示，这是哔哩哔哩直播平台的一些热门直播标签推荐。

图 7-11 哔哩哔哩热门直播标签推荐

7.2.2 制造悬念：意犹未尽引起好奇

制造悬念吸引人气是直播营销经常使用的方法，而这对直播剧本内容策划也同样适用。比如，在直播中与观众互动挑战，激发观众的参与热情，同时也使得观众对挑战充满期待和好奇。此外，有些直播剧本虽然充满悬念，但直播过程却索然无味，这也需要主播对直播节奏的把控得当。

主播在直播中设置悬念时，一定要考虑到产品的特色以及主播的实力等因素，不能夸大其词。例如，在淘宝直播中，用"女人一生中的三支手镯"作为标题，吸引观众点击关注，引导观众思考到底是哪三支手镯，如图 7-12 所示。

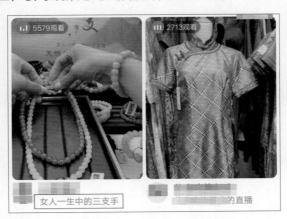

图 7-12 设置悬念直播剧本

这些剧本内容隐约带有悬念的意味，更容易吸引观众的好奇心，从而将其转化为粉丝，实现盈利。因此，设置悬念吸引人气不失为剧本盈利的一个绝妙策略。

设置悬念是直播间屡试不爽的宣传方法。试想一下，观众在进入直播间之前就保持一种好奇的心态，看完直播就有一种恍然大悟的感觉，这种方法能极大限度地促进观众的购买欲。

当然，设置悬念必须建立在尊重客观事实的基础上。你认为是 A，但 A 不是，是什么呢，你想知道。最后结果是 B，但是为什么是 B，主播要合理地解释给观众，让观众理解，不能看完后还是一头雾水。

如今，传统平铺直叙的表达方式已经很难再引起观众的兴趣了，而那种抽丝剥茧带领观众一起探索结果的方法，能让直播呈现出螺旋式上升的趋势。设置悬念就是充分运用了观众的好奇心理，当直播快要发展到高潮的时候，戛然而止，让观众产生意犹未尽之感。

如图 7-13 所示，这是某知名带货主播的直播预热文案。文案中采用"填空题"的方式设置悬念，又采用"如果不能……，怎么会……？"的句式，吊足了观众胃口，有效激发了观众的探索欲。

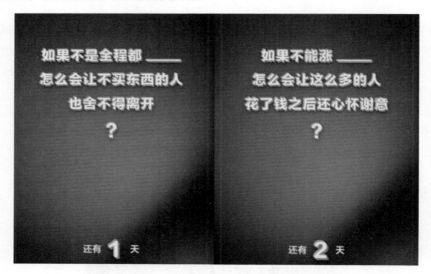

图 7-13　设置悬念直播预热文案

7.2.3　数字冲击：大量数据震撼观众

任何工作和运营都离不开对数据的统计和分析，随着互联网技术的不断发展，数据分析也越来越精确，效率也越来越高。特别是大数据时代的到来，大大提高了企业对市场和用户人群的分析能力。

对于直播这个行业来讲，数字运营是十分必要的。因为通过对各种直播数据的分析，可以优化和完善直播的各个环节，有助于主播在直播行业的发展和进步。

数字运营得当的话，也会给观众带来一定的视觉冲击力。在直播剧本中怎样体现出数字运营呢？下面大家来看一个例子。如图 7-14 所示，这是某品牌服装直播间。当观众进入直播间，首先看到的是"五折"，然后是直播间中的"限时秒杀低至 5 折""满 100 减 10""满 200 减 20"，这些数字能给观众带来强烈的视觉冲击。

图 7-14　数字冲击直播案例

数字可以使文案表达的说服力变得更加有力、更加准确。直播时使用数字，能让内容更具有科学性，也可以让观众更加直观地感受产品卖点。

专家提醒

特别要强调的是，当主播无法给出明确的数字时，要估计出最接近真实值的数字，力求严谨，做到有迹可循。例如，这款产品的销售数量将近 100 万。因为无法得知准确数字，就可以用"将近""约"这种概述的方式进行表达。

7.2.4　制造对比：两相对比优中选优

对比的方式多种多样，可以是价格上的对比，也可以是质量上的对比。制造对比的最终目的都是突出自家产品的优势、特点。直白地对自己的产品进行营销，会让人觉得广告痕迹过于明显，或者概念模糊，然而通过对比，就能在对比中将产品的特点凸显出来。下面笔者将介绍如何在直播剧本内容策划时设置对比。

1. 价格对比

价格对比，可以制定优惠价，例如将店铺的商品与实体店进行价格对比，体现出直播中的价格优势，进而吸引观众购买。

2. 质量对比

产品的质量对比，可以利用他人店铺的产品，例如销售正品球鞋的店铺，可以用正品与其他仿制的产品进行对比，讲述正品的细节，并且分享如何对比产品、分辨假冒伪劣产品的方法。例如，销售真皮包包的店家，通常会对真皮和人造革进行对比。

专家提醒

　　主播在将自家产品与其他产品进行对比时，也要注意文明使用语言词汇，不能以恶劣、粗俗不堪的语言过度贬低、诋毁其他产品。只有这样，观众才会真正喜欢你的直播，信赖你的产品。

7.2.5 场景促单：植入场景巧妙串联

主播在制作剧本内容时，一定要根据实际场景来促使观众进行消费。就像在电影、电视剧里植入产品广告一样，即便是植入，也要尽可能地把产品和使用场景联系起来。下面笔者将从两个方面进行介绍。

1. 产品道具化

将产品作为道具融入直播场景，可以更好地凸显产品的优势，刺激直播观众的购买需求。因为这种道具化的产品融入方法，能够从一定程度上弱化营销的痕迹，不会让观众生出反感情绪。

2. 产品主题化

在进行直播时，我们需要先确定主题，然后根据主题策划剧本，再将产品融入直播中。场景表达的主题需要与产品具有相关性，不然很难融入直播间，容易使观众产生割裂感，以致不愿在直播间多停留。

例如，如果主播要表达的主题是展示舞蹈，那么就可以穿上店铺中销售的服装展示跳舞的场景；如果要销售的商品是不粘锅炒锅，主播可以用店铺中销售的炒锅进行直播烹饪，展示烹饪技巧。

如图 7-15 所示，展示开锅的操作技巧，很明显主播就是根据这个主题来策划的直播剧本，这种产品主题化的直播方式能够让观众有更强的场景代入感。

图 7-15　产品主题化案例

7.2.6　真人口播：简单文明争取共情

直播预热文案的重点在于，让观众了解什么时间做什么事情、直播时会发几次红包以及有什么优惠等，既要吸引观众进入直播间，又要满足观众的消费欲望。

专家提醒

真人出镜就是指主播亲自出镜，口述即将直播的内容，以及前期为观众砍价的过程，主播也可分享自己的经历，争取与观众"共情"。这种真人出镜的直播内容，能真正看出一个主播的实力。

随着直播市场的不断成熟，会出现更多优质的原创内容，这也是市场发展的大势所趋。真人出镜口播必须简单文明，有持续的内容产出将产品扩展到各个领域，这样才可以实现更多渠道的流量盈利，也才能拥有更强劲的生命力。

7.3　营销推广：吸引更多关注

随着互联网营销的不断发展，各种各样有助于营销的信息工具和软件平台应运而生。主播学会将自己的直播推广出去，是直播营销环节中不可或缺的一环。否则，就算主播直播得再好、内容再优质，没有恰当的推广，也无法使营销效果达到最好，从而无法让自己的直播间被更多人看到。本节笔者将向大家介绍主播在直播中推广的方法和诀窍。

7.3.1　病毒式传播：快速复制广泛传播

在直播营销中，病毒式传播可以让企业的产品或品牌、主播的直播间在不经意中通过内容大范围传播到许多人群中，并形成"裂变式""爆炸式"的传播效果。

同样，主播也可以通过病毒式营销来扩大自己的影响力，比如如今爆火的某位斗鱼主播，就是将自己直播时搞笑的片段剪辑后发布在视频平台上，吸引了众多观众的目光。直到现在，这位主播在斗鱼上的粉丝数量已经超过 2000 万。如图 7-16 所示，这是发布在 B 站上的这位主播的直播录屏，已有 400 多万的播放量。

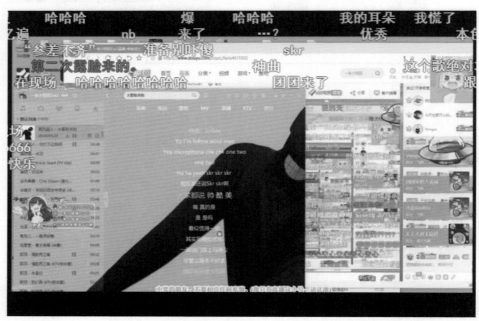

图 7-16　病毒式传播的视频

病毒式的传播营销实质上是营销主体借用用户对自己的传播内容进行网络宣传，用快速复制的方法把内容传播向更多的受众。

专家提醒

一般来说，病毒式传播的平台是社交媒体，如微信、QQ、微博等，这些社交媒体拥有大量用户，一旦出现某种用户感兴趣的内容，那么就很容易实现广泛传播。用户自发对传播内容进行转发、评论，使传播内容一传十、十传百……裂变式地被许多人知道。

那么，将病毒式传播应用于主播直播间的营销当中，主播要怎样做呢？笔者认为，主要有五种方法，如图 7-17 所示。

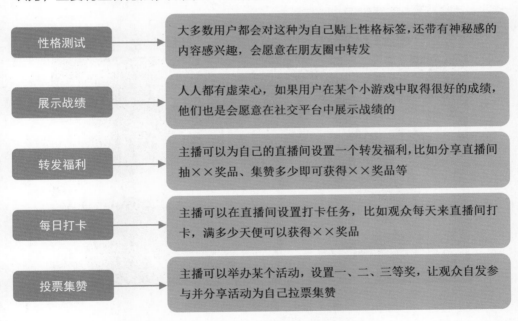

性格测试	大多数用户都会对这种为自己贴上性格标签,还带有神秘感的内容感兴趣,会愿意在朋友圈中转发
展示战绩	人人都有虚荣心,如果用户在某个小游戏中取得很好的成绩,他们也是会愿意在社交平台中展示战绩的
转发福利	主播可以为自己的直播间设置一个转发福利,比如分享直播间抽××奖品、集赞多少即可获得××奖品等
每日打卡	主播可以在直播间设置打卡任务,比如观众每天来直播间打卡,满多少天便可以获得××奖品
投票集赞	主播可以举办某个活动,设置一、二、三等奖,让观众自发参与并分享活动为自己拉票集赞

图 7-17 应用病毒式传播营销的五种方法

7.3.2 真实营销：明确观众真实需求

优质内容的定义也可以给观众带来真实感的直播内容，真实感听起来很容易，但通过网络这个平台表现出来，似乎就没有那么简单了。首先，主播要明确一个传播点，即自己所播的内容是不是观众想要看到的，自己是否真正抓住了观众的要点和痛点，而这里的要点和痛点就是主播进行直播的传播点。

举个例子，如果主播的观众群体大多是喜欢美妆、服装搭配的，结果主播邀请了游戏界的顶级玩家直播了一系列关于游戏技巧和乐趣的内容。那么，就算这个主播讲得再生动、内容再精彩，观众不感兴趣，与喜好不相符合，就脱离了真实感，主播的直播也就不算成功。

在笔者看来，直播不仅是一个风靡一时的营销手段，还是一个能够实实在在为企业带来盈利的优质平台。简单直接的直播内容，能极大地节约观众时间，拉近观众与主播的距离，让观众一目了然。

那么，作为主播究竟要怎么做才能抓住观众痛点，传播真实感呢？用一个斗鱼直播的例子来说明。如图 7-18 所示，在这位主播的直播间中，主播用十分真实且接地气的语言来带直播间的"水友"们逛二手车市场，还根据观众的要求近距离拍摄二手车、试驾等，为观众带来了十分真实的体验。

图 7-18　具有真实感的直播

可以看出，这位主播走的就是真实感直播的营销之路，取得了很好的营销成绩。将其成功的经验稍作总结，可以为其他主播带来重要启示。

首先，主播明确了自身直播的传播点，比如这位主播的传播点就是对车感兴趣的年轻人群体；接着，主播要根据自己的直播风格找到适合自己、真实的语言风格，从而达到更好的直播效果；最后，主播要抓住观众痛点，用直播内容牢牢地抓住观众眼球。

当然，要注意的是，不能把直播片面地看成一个噱头，而是要极大地提高营销转化的效果。直播内容简单真实，并不意味着直播可以粗俗、敷衍了事。

俗话说，细节决定成败。粗俗的原意是指一个人的举止谈吐粗野庸俗，如"满嘴污言秽语，粗俗不堪"。也许，你可以靠"俗"博得大家的关注提升名气，但难以得到主流社会的认可，而且存在很大的问题和风险。

特别是对于一些以销售为主要目的的主播而言，直播时刺激观众疯狂追求物欲，让观众只知道一味地买买买，甚至有些主播利用低价吸引观众进入直播间后，并没有兑现低价的承诺，或是让观众低价购入劣质产品。

专家提醒

简单也不意味着可以一味地模仿和抄袭别人用过的内容，必须学会发散思维，摆脱老套的"噱头"模式。我们可以从生活、学习、工作中发散思维，这样才能制作出有持续吸引力的内容。

7.3.3 事件营销：内容结合热点事件

事件营销是指商家企业通过利用有价值的社会热点、新闻，或者利用名人效应进行营销，并以此来吸引社会大众的关注。进行事件营销最重要的目的就是提高商家企业的知名度，树立品牌形象，促成产品的快速盈利。

当然，把事件营销放到直播中，就是要主播在直播中对具有新闻价值的事件进行二次加工，达到实际的广告效果。那么，主播应该如何进行事件营销？笔者认为，主要有三种方法，如图 7-19 所示。

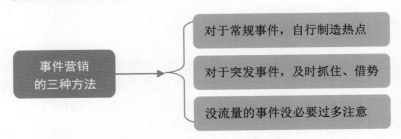

图 7-19　事件营销的三种方法

例如，网易云音乐 App 每年年底都会为每一位用户独家定制并发布一个"年度听歌报告"，实现裂变式的品牌传播，许多用户在获取自己的"年度听歌报告"之后，都会选择在朋友圈"晒"出来，一传十、十传百……这样利用 App 用户的指数级事件营销，带来了极大的品牌曝光度。

如图 7-20 所示，这是网易云 App 的"年度听歌报告"界面。

图 7-20　网易云 App 的"年度听歌报告"界面

专家提醒

　　不管是商家企业的主播，还是个人主播，都可以从网易云音乐 App 的"年度听歌报告"中获取启示，这种"年度报告"式的事件营销能极大地激起用户的好奇心，就算当前没有热点事件可以借势，主播也可以将自己变成热点。

7.3.4　创意营销：更高点击率更多关注

　　创意不但是直播营销发展的一个重要元素，同时也是其发展壮大、吸引更多观众必不可少的"营养剂"。不管是互联网创业者、企业，还是个人主播，如果想通过直播来打造自己或者提高品牌知名度，就需要懂得"创意是王道"的重要性，在注重直播内容质量的基础上更要发挥创意。

　　一个拥有优秀创意的直播内容能够帮助主播吸引更多观众，创意可以表现在很多方面，新鲜有趣只是其中的一种，还可以是贴近生活、关注社会热点话题、引发思考、蕴含生活哲理、包含科技知识和关注人文情怀等方面内容。不管怎么说，只要直播的内容有创意，就能吸引观众的目光。

　　对于直播的营销来说，如果直播内容缺乏创意，那么整个直播就只会成为广告的附庸，很难让观众对直播要卖的产品，甚至整个直播本身产生兴趣。如

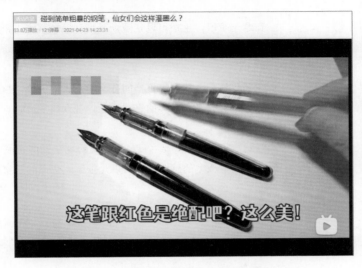

图 7-21 所示，这是 B 站一位 UP 主发布的视频，其通过为观众展示钢笔笔杆灌墨的方式，巧妙地推销自己店铺的产品。

图 7-21　B 站某 UP 主的创意营销视频

当然，主播也可以学习这种营销方式，在直播中巧妙地、有创意地推销产品，或者推广自己的直播。

7.3.5　口碑营销：内容"辐射式"扩散

口碑营销，用在直播的营销中指的就是主播通过自己的直播表现与直播内容，在目标观众中塑造出一个良好的形象，让观众记住主播，从而形成一种"辐射式"扩散的推广效果。在互联网时代，口碑营销更多的是需要主播或者其推广的产品在网络上拥有更多的好评。

举个简单的例子，比如亲朋好友之间分享某家餐馆的某个菜品味道不错、某品牌新推出的服装款式不错、某游戏很好玩……这一系列的分享与推荐，实际上是口碑营销最基础的一部分。

口碑，对于游戏主播来说，可以是游戏技巧很棒；对于娱乐主播来说，可以是唱歌好听、跳舞好看；对于电商带货主播来说，则可以是直播间卖的产品质量很好等。

所以说，如果把口碑营销应用到主播的直播中来，就是要主播想办法让观众知道自己的直播很好、很有意思，或者有某一方面的优点。只要能让观众知道自己直播的优点，并让他们乐意与亲朋好友分享直播间，主播的口碑营销就成功了一半。

那么，主播要怎样做才能提高自己的口碑？笔者认为，主播的口碑营销可以分为三个步骤，如图 7-22 所示。

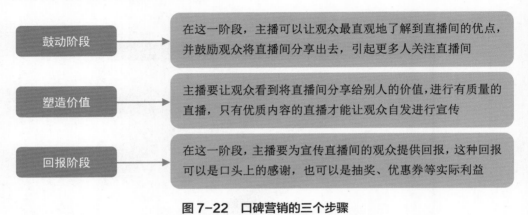

鼓动阶段	在这一阶段，主播可以让观众最直观地了解到直播间的优点，并鼓励观众将直播间分享出去，引起更多人关注直播间
塑造价值	主播要让观众看到将直播间分享给别人的价值，进行有质量的直播，只有优质内容的直播才能让观众自发进行宣传
回报阶段	在这一阶段，主播要为宣传直播间的观众提供回报，这种回报可以是口头上的感谢，也可以是抽奖、优惠券等实际利益

图 7-22　口碑营销的三个步骤

第 8 章

直播控场：把握直播节奏

学前提示

　　主播要想掌控全场，不仅需要随机应变地回答用户的问题，还要不断地学习和提高自身的专业能力。本章重点讲述主播掌控全场的方法，帮助主播全程把控直播，有效地避免冷场。

要点展示

- 直观印象：影响观众选择
- 处理问题：应对突发情况
- 互动功能：增加互动频率

8.1　直观印象：影响观众选择

不管是什么平台的直播，都是一种通过屏幕和观众交流、沟通的形式，它必须依托直播方式来让观众产生购买行为，这种买卖关系使主播会更加注重建立和培养自己与观众之间的亲密感。

因此，主播不再是冷冰冰的形象或者单纯的推销机器，而渐渐演变成了更加亲切的形象。主播会通过和观众实时的信息沟通，及时根据观众的要求进行产品介绍，或者回答观众提出的有关问题，引导观众进行关注、加购、下单等操作。

正是由于主播的身份转变需求，很多主播在直播间的封面上一般都会展现出容易吸引观众好感的画面。

8.1.1　第一印象：决定主播的观众缘

如果进行直播的主播是一个新手，没有固定的粉丝群体，那么就需要在一开始就吸引观众的注意力。观众也许只看 10 秒，就会决定要不要继续看该主播的直播。

主播要想跟观众建立良好的关系，吸引观众持续关注自己的直播间，重点就在于给观众留下一个好的印象。那么，主播如何一下子抓住观众的眼球，在直播中给观众留下好印象呢？笔者认为主播应注意以下事项。

（1）主播在直播的过程中，要给观众留下深刻的印象，还得展示出自己的个人特点。很多当红的明星都有自身的人设，人设就是特点，有特点就能吸引更多人关注，这对于主播来说也是一样的。

（2）主播在直播间销售产品时，要显示出自己的个性，有了正面的个性化标签，就能给观众留下好的印象。

例如，主播在直播中介绍产品的时候，可以穿插讲述自己与产品的故事。主播可以通过分享自身的故事，给观众留下一个好印象，激发观众的兴趣，使整个直播间有话题可以聊，最后也许观众没有记住产品，但是观众一定记住了主播的形象和性格。

8.1.2　直播节奏：松弛有度留住粉丝

因为一场直播的时间通常会比较长，主播很难让直播间一直处于"高潮"状态。但是，如果直播一直冷场，又会留不住观众。所以，在直播的过程中，主播要把握好直播的节奏，让直播松弛有度。只有这样，才能增加观众在直播间的停留时间，让更多观众购买产品。

一个优质的主播，一定会给大家放松的时刻。那么，如何在直播带货过程中营造轻松的氛围呢？比如，主播可以在讲解产品的间隙，通过给观众唱歌，或发起话题讨论等，为观众营造出一种宾至如归的感觉。

8.1.3 激昂情绪：营造激情直播氛围

主播想要吸引更多粉丝，就需要有让自己的直播间"热起来"的能力。那么，如何让直播间活跃起来呢？其中一种方法就是充满激情地进行直播，用情绪感染观看直播的观众。

俗话说，"打哈欠会传染，打喷嚏会传染"。当主播激情澎湃地进行直播时，主播高昂的情绪很容易带动直播间的气氛，吸引更多观众点进直播间驻足观看。这与古代货郎大声吆喝卖东西是同一个道理。只要主播的情绪足够激昂，就能把更多人的目光吸引过来。

8.2 处理问题：应对突发情况

在现实生活中会有一些喜欢抬杠的人，而在网络上，许多人则会直接变身为"畅所欲言"的"键盘侠"。

对于这些喜欢"吐槽"，甚至是语言中带有恶意的人，做直播的主播一定要有良好的心态，千万不能因为这些人的不善而与其"互喷"。那么，在面对各类问题时，主播该怎么处理呢？本节笔者将为大家介绍四种有效的应对方法。

8.2.1 处理吐槽：幽默风趣自我疏导

在所有的直播平台上，有很多观众喜欢将负能量发泄给主播，也有不明事理、盲目跟风"吐槽"的观众。面对这些指责，主播要尽量大事化小，小事化了。下面，笔者就来为大家介绍三种处理方法。

1．直接无视，做好自己

如果有观众在直播间"吐槽"，主播就去回应"吐槽"的人，想要据理力争，那么"吐槽"主播的人可能会更加激动地回应。这样一来，直播间中可能就会充满火药味，而其他观众看到气氛不对，可能就会离开直播间；相反，当观众"吐槽"时，主播直接选择无视，那么"吐槽"的观众在说了一会儿之后也会觉得这样做没什么意思，这样一来，也就没有兴趣再继续"吐槽"了。

2．侧面抨击，作出回应

面对"吐槽"者，主播没有必要用激烈的言辞直接怒怼，因为主播是一个公众人物，必须维护好自身的形象。当然，当"吐槽"者咄咄逼人、触犯主播底线时，主播可以适当作出回应，对吐槽者进行侧面抨击。

例如，主播可以采用冷幽默的方式进行回应，让观众感受到主播的幽默，同时也对"吐槽"者进行一番讽刺；也可以利用幽默故事从侧面表达自己的想法，间接对"吐槽"者作出回应。

3．正面激励，自我疏导

面对"吐槽"，主播最好的处理方式就是将压力转变成动力，把负能量转变成正能量，正面地开导自己，看一些忠实粉丝的评论，进行自我疏导。

在直播间碰到负能量的观众，主播要学会将负能量自己消化并转化，如果主播无法从负面情绪里释怀，那么主播的直播状态势必会受到影响，而主播的状态又会影响直播效果。因此，主播要多对自己进行正面激励，调整好自己的状态，让自己的内心变得强大起来。

8.2.2　找出原因：有针对性地改正

很多时候，当问题出现时，我们经常会安慰自己，觉得是运气不好；或者是别人不理解我，可能我也有问题，但是问题不大。诸如此类，有这样想法的人很多。但是，出现问题，应先从自己身上找原因。只有不断地反思，才能不断地进步。

例如，某主播在进行直播带货时"翻车"了，向观众推荐的是不粘锅，可是在操作的过程中却粘锅了。那么，主播就要分析"翻车"的原因。通常来说，这种情况的出现有两种原因：一是产品自身质量不过关，二是主播的操作有问题。

在了解原因之后，主播便可以有针对性地进行改进。具体来说，主播的团队可以在选品时再谨慎些，确保所选产品的质量；也可以在直播之前进行操作，掌握正确的操作方法。

8.2.3　及时纠正：知错能改挽回损失

主播是面对成千上万陌生人的职业，他们的一言一行可能都会变成街头巷尾谈论的话题。带货能力好，会被大众谈论；直播"翻车"，也同样会被大众讨论。而当直播"翻车"时，主播需要做的就是承认自己的错误，并及时进行纠正。

这样做就算不能挽回直播时的损失，至少也可以让观众看到主播知错能改的品德，从而增强主播的粉丝黏性。

8.2.4　应对质疑：不卑不亢从容应对

生活中面对任何人的质疑和挑衅，都要学会不卑不亢，主播在直播时也是如此。如果有观众质疑产品的质量和售后，主播一味地表示认同，那么其他观众也会不信任主播。因此，面对质疑，主播虽然要展现自己的服务态度，尽量不要强词夺理，但也要正面质疑，机智地应对质疑。

　　任何产品和品牌都不能失去购买的用户，没有用户，产品就没有销路，品牌就发展不起来。同理，任何一个主播都不能失去观看直播的观众。所以，为了更好地留住观众，当观众质疑甚至是挑衅时，主播要学会机智应对。如图 8-1 所示，这是主播应对质疑的三种方法。

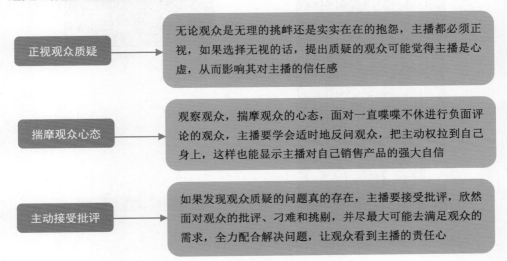

图 8-1　主播应对质疑的三种方法

8.3　互动功能：增加互动频率

　　主播可以通过直播平台提供的一些互动功能，来增加和粉丝的互动频率，这样不仅能够增强老粉丝的黏性，而且还可以迅速留住新入场观众，同时有效引导关注和裂变新粉丝。在本节中笔者将以拼多多直播为例，为大家介绍主播与观众进行互动的多种方式及其具体操作方法。

8.3.1　抽奖活动：刺激观众积极下单

　　抽奖活动可以有效提升直播间观众的停留时长和下单率。以拼多多直播为例，主播可以开启"商家抽奖"活动，自行设置抽奖商品、奖品个数和开奖时间，系统会为中奖观众自动生成订单。

　　观众只需要提供有效的收货地址，即可免费参与"商家抽奖"活动，同时还可以通过完成指定任务来提升中奖的概率。

　　下面介绍"商家抽奖"活动的创建方法。

步骤 ① 在手机端创建直播间后，在"营销工具"菜单中点击"商家抽奖"按钮，如图 8-2 所示。

步骤 ② 执行操作后，打开"配置抽奖活动"界面，点击"添加奖品"按钮，如图 8-3 所示。

图 8-2 点击"商家抽奖"按钮

图 8-3 点击"添加奖品"按钮

专家提醒

　　商家在发布"商家抽奖"活动的同时，最好搭配主播口播、公告牌、小黑板和图片素材等方式，对直播间观众说明活动参与方法和抽奖规则，吸引观众积极参与。

步骤 ③ 进入"选择店铺商品"界面，选中相应的商品作为奖品，如图 8-4 所示。

步骤 ④ 返回"配置抽奖活动"界面，点击"开奖时间"按钮，选择相应的开奖时间，如图 8-5 所示。

步骤 ⑤ 点击"确认"按钮，即可完成抽奖活动的配置。点击"发起抽奖"按钮，如图 8-6 所示。

步骤 ⑥ 执行操作后，弹出"确认发起抽奖"对话框，确认信息无误后，点击"确认"按钮，即可发起"商家抽奖"活动，如图 8-7 所示。

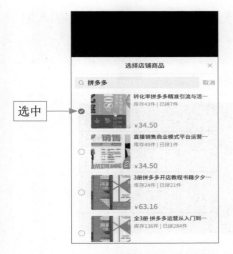

图 8-4　选中相应的商品

图 8-5　选择开奖时间

图 8-6　点击"发起抽奖"按钮

图 8-7　点击"确认"按钮

8.3.2　连麦功能：活跃气氛促成交易

连麦是各大直播平台都有的互动功能，主播可以通过连麦极大地调动直播间的氛围，增加直播活动的趣味性。对于小主播来说，与大主播连麦还可以快速地实现引流吸粉。

以拼多多直播为例，主播可以在手机直播间点击"连麦"按钮，选择"连麦主播"或"连麦观众"等方式，如图 8-8 所示。在右上角的搜索框中输入相应的主播昵称，可以快速搜索要连麦的主播。

同时，连麦主播列表中会显示推荐主播的头像、昵称、粉丝数和相应标签信息，点击"邀请"按钮，即可发起直播连麦申请，如图 8-9 所示。

图 8-8　打开连麦菜单

图 8-9　发起直播连麦申请

一般来说，主播连麦都是在直播进行一段时间，同时直播间积累了一定人气之后才开始进行的。另外，主播还需要事先了解连麦主播的直播时间，或者双方约定好连麦时间，不然对方可能会直接拒绝连麦。

此外，在连麦的过程中，小主播不要一味地奉承大主播，也不要因为自己直播间的人气不如对方就自怨自艾，要抱着学习的心态，尊重对方，也尊重自己。

8.3.3　粉丝打赏：拓展主播盈利渠道

大部分平台的直播间都加入了粉丝打赏的互动功能，主播在与观众互动的过程中，不能主动暗示、诱导观众进行大额打赏，否则会被列入直播平台的重点关注名单。当然，这也不是说主播不能接受观众打赏，主播可以用自己优质的直播内容或者自身人格魅力，吸引观众主动进行打赏。

以拼多多直播为例，观众在观看直播时，可以点击直播间中的"打赏"按钮，如图 8-10 所示。打开"礼物"窗口，❶在其中选择相应的虚拟礼物；❷点击"立即赠送"按钮即可，如图 8-11 所示。

图 8-10 点击"打赏"按钮

图 8-11 点击"立即赠送"按钮

当主播获得观众打赏后，可以进入拼多多商家版 App 的"设置"界面，选择"打赏赚钱"选项，如图 8-12 所示。执行操作后，进入"我的钱包"界面，在此可以查看直播打赏的"钻石收益"和"现金收益"，如图 8-13 所示。

图 8-12 选择"打赏赚钱"选项　　　　图 8-13 查看直播打赏收益

点击"去提现"按钮，系统会出现相应的提现操作提示，如图 8-14 所示。在"我的钱包"界面中，选择"账单记录"选项，可以查看收入和提现的相关记录，如图 8-15 所示。

图 8-14　提现操作提示

图 8-15　查看账单记录

8.3.4　红包互动：快速吸引用户关注

不管是在哪个平台的直播间，最常用的优惠和互动玩法就是发红包，通过利益驱动的方式引导用户关注直播间，并刺激他们快速下单。以拼多多直播为例，主播可以通过"营销神器"在直播间发红包吸引观众。那么，主播要怎么使用"营销神器"呢？下面笔者将详细讲解。

主播可以在手机直播间的"营销工具"菜单中点击"营销神器"按钮，弹出"营销神器"对话框，点击"红包设置"选项右侧的"展开"按钮，如图 8-16 所示。接着，主播可以在这一界面中❶设置相应的红包金额和开抢时间；❷点击"购买服务"按钮即可，如图 8-17 所示。

图 8-16　点击"展开"按钮

图 8-17　点击"购买服务"按钮

专家提醒

"开抢时间"选项可以选择红包的发放时间，从而增加观众观看直播的时长。注意，开抢时间不要设置得太久，否则观众会失去耐心。点击"购买服务"按钮，即可获赠红包，并提升流量和粉丝转化率。

在拼多多直播中，"营销神器"包括互动红包和流量红包两种形式。

（1）互动红包：主播配置互动红包后，将会在指定时间后开抢。观众需要分享直播间才可以获得领取资格。互动红包不需要设置份数，系统会自动进行计算。

（2）流量红包：主播配置流量红包后，将立即为直播间进行引流，以供新进入直播间的观众领取。流量红包同样不需要设置份数，每个观众领取的红包金额相比互动红包的金额要更小。如果主播下播时流量红包还未领取完，将会在下一次开播时自动发放，继续为直播间引流。

专家提醒

主播还可以在直播间设置其他的互动玩法，如关注直播间参与限时抽奖或限时秒杀等活动。注意，在活动过程中主播要反复强调活动为观众带来的价值，从而提升他们参与活动的积极性。

8.3.5 直播专享券：迅速提升单品销量

直播专享券只针对单个商品优惠，而且只能在直播间领取，观众可以无条件领券，这种互动方式能够有效刺激观众在直播间下单。直播专享券非常适合为单品进行引流，能够迅速提升单品的销量。下面笔者就以拼多多直播为例，介绍创建直播专享券的操作方法，帮助各位主播提升直播间互动氛围。

步骤 01 打开拼多多商家版 App，进入"店铺"界面，在"常用应用"选项组中点击"优惠券"按钮，如图 8-18 所示。

步骤 02 进入"优惠券管理"界面，点击"添加"按钮，如图 8-19 所示。

步骤 03 进入"优惠券类型"界面，选中"直播券"复选框，如图 8-20 所示。

步骤 04 执行操作后，进入"添加优惠券"界面，选中"直播专享券"复选框，如图 8-21 所示。

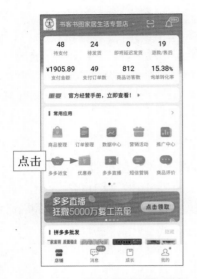

图 8-18　点击"优惠券"按钮

图 8-19　点击"添加"按钮

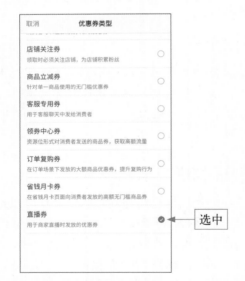

图 8-20　选中"直播券"复选框　　**图 8-21　选中"直播专享券"复选框**

步骤 05 ❶选择相应的直播商品；❷设置"券的面额""发行张数""每人限领""有效时长""开始时间"和"结束时间"等选项；❸点击"确认添加"按钮，如图 8-22 所示。

步骤 06 操作完成后，在弹出的信息提示框中，点击"允许"按钮，如图 8-23 所示。

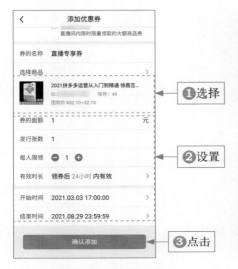

❶选择
❷设置
❸点击

图 8-22　点击"确认添加"按钮

点击

图 8-23　点击"允许"按钮

步骤 ⑦　执行操作后，即可成功创建直播专享券，点击"我知道了"按钮，如图 8-24 所示。

步骤 ⑧　返回"优惠券管理"界面，点击"增加张数"按钮，如图 8-25 所示。

点击

图 8-24　点击"我知道了"按钮

点击

图 8-25　点击"增加张数"按钮

步骤 ⑨　执行操作后，弹出"增加张数"菜单，在"新增发行量"文本框中输入要添加的优惠券张数，如图 8-26 所示。

步骤⑩ 执行上述操作后，点击"确认增加"按钮，即可修改优惠券的"剩余数"，如图 8-27 所示。

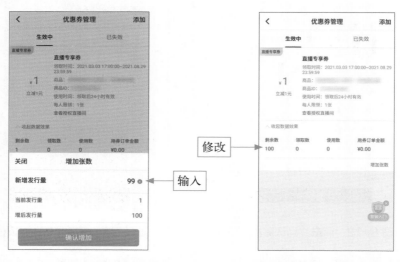

图 8-26　输入要添加的优惠券张数　　　图 8-27　修改优惠券的"剩余数"

主播创建直播专享券后，无须手动发放，系统会根据主播设置好的发放时间，自动展现到直播间的红盒子商品中。另外，主播也可以在直播间的红盒子中创建直播专享券，在"全部商品"列表中选择相应的商品，点击"配置专享券"按钮，设置相应的优惠券选项并确认即可，如图 8-28 所示。

图 8-28　通过直播间红盒子配置专享券

观众进入直播间后，可以在红盒子中点击"领券拼单"按钮，如图 8-29 所示。

在弹出的对话框中点击"一键抢券"按钮，即可获取直播专享券，如图 8-30 所示。

图 8-29　点击"领券拼单"按钮　　图 8-30　点击"一键抢券"按钮

8.3.6　直播粉丝券：吸引观众关注店铺

各大电商直播平台都有直播粉丝券，它的面额通常都比较大，因此能够快速吸引观众关注店铺，并长久停留在直播间，提升店铺及直播间的人气。

专家提醒

直播粉丝券的主要特点如下。

（1）优惠券维度：只能针对单个商品优惠。

（2）领券渠道：只能在直播间领取。

（3）发放渠道：只能授权给 1 个直播间。

（4）优惠券面额：不低于 5 折，不高于 500 元。

（5）发放方式：主播需要主动在直播间发放优惠券，并且可以设置领取时限。

（6）领券条件：观众需要关注店铺并且分享直播间后，才能够领券。

（7）优惠券有效期：主播可以自主设置直播粉丝券的有效期。

下面笔者就以拼多多直播为例，为大家介绍创建直播粉丝券的具体操作方法，帮助主播顺利进行直播带货。

步骤 01 在拼多多商家版 App 中，进入"添加优惠券"界面（方法可参考上一小节），选中"直播粉丝券"复选框，如图 8-31 所示。

步骤 02 ❶设置相应的优惠券选项，包括名称、商品、面额、张数以及时间等；❷点击"确认添加"按钮，如图 8-32 所示。

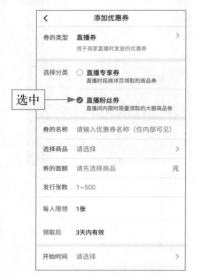

图 8-31 选中"直播粉丝券"复选框　　图 8-32 点击"确认添加"按钮

步骤 03 执行上述操作后，在拼多多直播的主播即可成功创建直播粉丝券，如图 8-33 所示。

步骤 04 主播返回"优惠券管理"界面，可查看自己创建的直播粉丝券相关信息，如图 8-34 所示。

步骤 05 当主播开播后，可以在直播间的"营销工具"菜单中点击"粉丝券"按钮，进入"选择活动商品"界面，❶选中相应的直播商品；❷点击"确认选择"按钮，如图 8-35 所示。

步骤 06 进入"添加粉丝券"界面，❶设置相应的"券的面额"和"发券张数"；❷点击"确认发放"按钮，如图 8-36 所示。

步骤 07 进入"粉丝券"界面，❶设置开抢时间；❷点击"确认发放"按钮，如图 8-37 所示。

步骤 08 弹出信息提示框，再次点击"确认发放"按钮，如图 8-38 所示。

图 8-33 创建直播粉丝券

图 8-34 查看创建的直播粉丝券

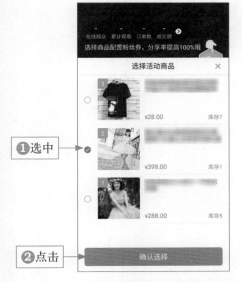

图 8-35 点击"确认选择"按钮

图 8-36 点击"确认发放"按钮（1）

步骤 09 返回直播界面，在右侧即可看到"粉丝券"按钮，并显示倒计时开抢的时间，如图 8-39 所示。

步骤 10 点击"粉丝券"按钮，可以查看直播粉丝券详情，如图 8-40 所示。

图 8-37　点击"确认发放"按钮（2）　　图 8-38　点击"确认发放"按钮（3）

图 8-39　显示"粉丝券"按钮　　　　图 8-40　查看直播粉丝券详情

　　观众进入直播间后，可以点击"粉丝券"按钮，在弹出的对话框中点击"分享到微信后立即报名"按钮，如图 8-41 所示。然后观众需要根据提示将直播间分享给微信好友，如图 8-42 所示。

　　完成微信分享后，返回直播间，即可看到"恭喜您抢到券"的提示信息，点击"立即使用"按钮即可用券下单，如图 8-43 所示。如果观众暂时不想下单，在直播间右侧仍会显示"已抢到券"的提示信息，提醒观众下单购买，如图 8-44 所示。

图 8-41 点击"分享到微信后立即报名"按钮　　**图 8-42 分享直播间给微信好友**

图 8-43 点击"立即使用"按钮　　**图 8-44 显示"已抢到券"的提示信息**

如果主播想要吸引买家长期关注自己的直播间，则可以策划一些长期福利活动，提升观众留存率。主播可以在直播结束时对下次直播的时间和商品进行预告，同时提醒观众参与下次直播的优惠活动。

另外，主播还可以给关注直播间的粉丝设置专属粉丝福利，如图 8-45 所示。这些方法不仅能够提升直播间氛围，保持老粉丝的黏性，同时还可以刺激新粉丝关注，让他们也想要参与商家的直播间粉丝活动。

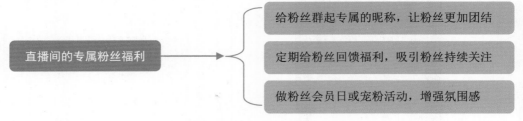

图 8-45　直播间的专属粉丝福利

8.3.7　互动游戏：营造直播火爆氛围

主播可以在直播间设计一些互动小游戏，来增加观众的停留时长，这样才能有更多的互动、点击、加购和转化的可能，同时还能为直播间吸引大量的"铁粉"。互动游戏可以活跃直播间氛围，让观众产生信任感，从而有效吸粉并提升销售额。

1．刷屏抽奖：快速吸引观众发表评论

刷屏抽奖是一种参与门槛非常低的直播间互动玩法，主播可以设计一些刷屏评论内容，如关注主播并分享直播间便可抽奖等，如图 8-46 所示。

图 8-46　引导观众刷屏评论

当有大量观众开始刷屏评论后，主播即可倒计时截屏，或者将中奖人的账号用公告栏贴在直播间上告诉观众，如图 8-47 所示。

主播在通过刷屏抽奖活跃直播间的气氛前，要尽可能让更多的观众参与，这个时候可以引导他们评论"扣 1"，提醒其他观众注意。同时，主播要不断口播即将抽奖的时间，让更多观众参与到互动游戏中来。

图 8-47 展示抽奖结果的截图

2. 猜歌达人：让直播间变得热闹非凡

"猜歌达人"是一种直播猜歌小游戏，拥有多种风格的音乐，可以满足更多观众的需求，让观众从中感受到各式各样的乐趣。

以拼多多直播为例，"猜歌达人"游戏的参与方式非简单，主播在直播间发起"猜歌达人"小游戏后，可以通过自己唱或放配乐等形式，将歌曲演绎出来，观众需要在限定时间内选择正确的歌名，如图 8-48 所示。

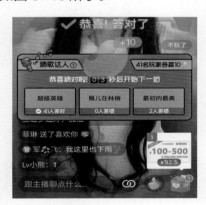

图 8-48 "猜歌达人"小游戏的界面

完成一轮"猜歌达人"小游戏后，会自动进入下一首歌曲，能够吸引观众长久玩下去，增加观众在直播间的停留时长。同时，答对的观众将会获得"金豆"奖励，可以用于帮自己喜欢的主播进行"连麦PK"，能够激励他们持续关注主播，如图 8-49 所示。

图 8-49　观众可以获得"金豆"奖励

第 9 章

直播话术：提高粉丝留存率

学前提示

主播在直播过程中，最需要的就是和粉丝进行互动和沟通，用自己的话术来吸引粉丝目光与获取流量，从而使商品可以卖出去，提高自己的带货效果。本章将介绍直播带货话术的相关技巧，帮助主播增加粉丝下单的积极性。

要点展示

- 直播语言：打造带货口才
- 直播话术：吸引更多粉丝
- 直播氛围：让直播不尬场

9.1 直播语言：打造带货口才

出色的主播都拥有强大的语言能力，有的主播会多种语言，让直播间多姿多彩；有的主播讲段子张口就来，让直播间妙趣横生。那么，主播该如何提高语言能力、打造一流的口才呢？本节将从三个角度，为主播讲解提高语言能力的方法，如表达语言能力、聊天语言能力以及销售语言能力等。

9.1.1 语言效果：提高直播节目质量

一个人的语言表达能力在一定程度上体现了这个人的情商。对于直播平台的主播来说，可以从以下几方面来提高自己语言表达的效果。

1. 语句表达有特点

在语句的表达上，主播需要注意以下两点。

- 需要注意话语的停顿，把握好节奏。
- 语言表达应该连贯，听着自然流畅。

如果主播说话不够清晰，可能会在观众接收信息时造成误解。另外，主播可以在规范用语上发展个人特色，形成个性化与规范化的统一。总体来说，主播的语言表达需要具有以下特点：规范性、分寸感、感染性和亲切感，具体分析如图 9-1 所示。

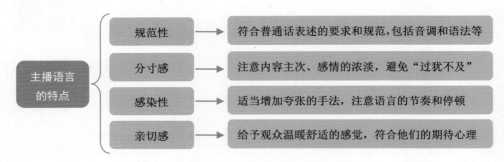

主播语言的特点		
	规范性	符合普通话表述的要求和规范,包括音调和语法等
	分寸感	注意内容主次、感情的浓淡，避免"过犹不及"
	感染性	适当增加夸张的手法，注意语言的节奏和停顿
	亲切感	给予观众温暖舒适的感觉，符合他们的期待心理

图 9-1　主播语言的特点

2. 结合肢体语言

单一的话语可能会不足以表达，主播可以借助动作和表情进行辅助表达，尤其是眼神的交流，其次夸张的动作可以使语言更显张力。

3. 自身知识积累

主播可以在线下注重提高自身的修养，多阅读，增加知识的积累。大量阅读可以增强一个人的逻辑能力与语言组织能力，进而帮助主播更好地进行语言表达。

4．进行有效倾听

懂得倾听是人品好的一种体现方式，带货主播也要学会倾听观众的心声，了解他们的需求，才能更快地把商品卖出去。

在主播和观众交流沟通的互动过程中，虽然看起来是主播主导，但实际上是以观众为主。观众愿意看直播的原因就在于能与自己感兴趣的人进行互动，主播要懂得了解观众关心什么、想要讨论什么话题，就一定要认真倾听观众的心声和反馈。

5．注意把握时机

在直播带货过程中，选择正确的说话时机也是非常重要的，这也是主播语言能力强的一种体现。主播可以通过观众的评论内容来思考他们的心理状态，从而在合适的时机发表合适的言论，这样观众才会乐于接受主播推荐的产品。

9.1.2 聊天语言：保证直播绝不冷场

如果主播在直播间带货时不知道如何聊天，遭遇冷场怎么办？那是因为主播没有掌握正确的聊天技能。下面为大家提供五点直播聊天的小技巧，为主播解决直播间"冷场"的烦恼。

1．感恩心态：随时感谢观众

俗话说得好："细节决定成败。"如果在直播过程中主播对细节不够重视，那么观众就会觉得主播有些敷衍。在这种情况下，很可能会出现直播间的粉丝快速流失的情况。

相反，如果主播对细节足够重视，观众就会觉得他是在用心直播。观众在感受到主播的用心之后，也会更愿意关注主播和下单购物。

在直播的过程中，主播应该随时感谢观众，尤其是进行打赏的观众，还有新进入直播间的观众。除了表示感谢之外，主播还要通过认真回复观众的评论，让观众看到主播对自己是很重视的，这也是一种转化粉丝的有效手段。

2．换位思考：多为他人着想

面对观众进行个人建议的表达时，首先主播可以站在观众的角度，进行换位思考，这样更容易了解回馈信息的观众的感受。

其次，主播可以通过学习以及察言观色来提升自己的思想和阅历。此外，察言观色的前提需要心思足够细腻，主播可以细致地观察直播以及线下互动时观众的态度，并且进行思考和总结，用心去感受观众的态度，并多为他人着想。"为他人着想"主要体现在以下三个方面，如图 9-2 所示。

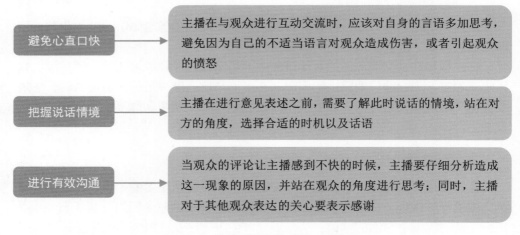

避免心直口快	主播在与观众进行互动交流时，应该对自身的言语多加思考，避免因为自己的不适当语言对观众造成伤害，或者引起观众的愤怒
把握说话情境	主播在进行意见表述之前，需要了解此时说话的情境，站在对方的角度，选择合适的时机以及话语
进行有效沟通	当观众的评论让主播感到不快的时候，主播要仔细分析造成这一现象的原因，并站在观众的角度进行思考；同时，主播对于其他观众表达的关心要表示感谢

图 9-2　为他人着想体现的三个方面

3．低调直播：保持谦虚态度

主播在面对观众的夸奖或批评时，都需要保持谦虚礼貌的态度，即使成为热门的主播也需要保持谦虚。谦虚耐心会让主播获得更多粉丝的喜爱，即使是热门的主播，保持谦虚低调也能让主播的直播生涯更加顺畅，并获得更多的"路人缘"。

4．把握尺度：懂得适可而止

在直播聊天的过程中，主播说话的语言要注意把握好尺度，懂得适可而止。例如，主播在开玩笑的时候，注意不要过度，许多主播因为开玩笑过度而遭到封杀。因此，懂得适可而止在直播中也是非常重要的。

还有的主播故意蹭一些热度，或者发表一些负能量的话题来引起观众的热议，增加自身的热度。这种行为不仅会遭到大家的唾弃，而且还可能被平台禁播。如果在直播中，主播不小心说错了话，惹得观众愤怒，此时主播应该及时向观众道歉。

5．幽默技巧：提升直播氛围

幽默风趣的主播不仅更容易俘获观众的喜爱，而且还能体现出主播个人的内涵和修养。所以，一个专业的主播也必然少不了幽默技巧。在生活中，很多幽默故事就是由生活的片段和情节改编而来的。因此，幽默的第一步就是收集搞笑的段子和故事等素材，然后合理运用，先模仿再创新。

● 主播可以利用生活中收集来的一些幽默素材，将其牢记于心，做到脱口而出，这样能够快速培养自己的幽默感。

- 主播也可以通过观看他人的幽默段子和热门的"梗"，再到直播间进行模仿，或者利用故事讲述出来，让观众忍俊不禁。

很多人都喜欢听故事，而主播可以在故事中穿插幽默的语言，让观众更加全神贯注，将身心都投入到主播的讲述之中。

9.1.3　销售语言：提升主播带货能力

在进行电商直播带货时，主播想要赢得流量，获取观众的关注，需要把握观众心理，并且在说话时投其所好。下面介绍五种提高主播销售语言能力的方法。

1. 提出问题：直击观众的痛点、需求点

主播在介绍产品之前，可以先利用场景化的内容，表达自身的感受和烦恼，与观众进行聊天，进而引出痛点问题，并且配合助播和场控一起保持话题的活跃度。

2. 放大问题：尽可能放大观众忽略的细节

主播在提出问题之后，还可以将细节问题尽可能全面化放大。例如，买家在购买包包时，经常会遇到包带断裂、皮质背包脱皮等问题。主播便可以从观众评论中收集这些问题，然后通过直播将所有细节问题进行详细描述并解答，来突出自己的产品优势，如图 9-3 所示。

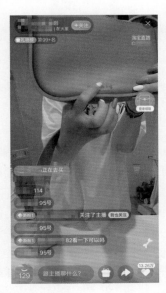

图 9-3　通过直播突出产品优势

3．引入产品：用产品解决前面提出的问题

主播讲述完问题之后，可以引入产品来解决问题。主播可以根据观众痛点需求的关注程度，来排列产品卖点的优先级，全方位地展示产品信息，以吸引买家。

总之，主播只有对自己产品的生产流程、材质类型和功能用途等信息了如指掌，才能在直播中将产品的真正卖点说出来。

4．提升高度：详细地讲解产品增加附加值

引出产品之后，主播还可以从以下几个角度对产品进行讲解，如图 9-4 所示。

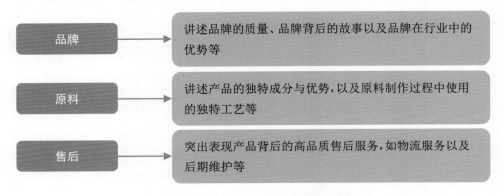

品牌	讲述品牌的质量、品牌背后的故事以及品牌在行业中的优势等
原料	讲述产品的独特成分与优势，以及原料制作过程中使用的独特工艺等
售后	突出表现产品背后的高品质售后服务，如物流服务以及后期维护等

图 9-4　提升产品价值的讲解角度

5．降低门槛：击破消费者购买的心理防线

最后一个方法是降低门槛，讲完优势以及提高产品价值后，主播应该提供给观众本次购买的福利，或者利用限制数量来制造紧张氛围，让观众产生消费冲动，引导他们在直播间下单。

9.2　直播话术：吸引更多粉丝

主播在直播带货过程中，除了要把产品很好地展示给观众以外，最好还要去掌握一些直播带货技巧和话术，这样才可以更好地进行产品的推销，提高主播自身的带货能力，从而让主播的商业价值可以得到增值。

由于每一个买家的消费心理和关注点都不一致，在面对合适且有需求的产品时，仍然会由于各种细节因素，导致最后并没有下单。面对这种情况，主播就需要借助一定的销售技巧和话术来突破买家的最后心理防线，促使他们完成下单行为。

本节将向大家介绍几种电商平台直播带货的技巧和话术，帮助主播提升带货技巧，让直播间的产品销量更上一层楼。

9.2.1　介绍法：直接介绍产品优点

主播在进行直播带货时，可以用一些生动形象和有画面感的话语来介绍产品，达到劝说观众购买产品的目的。如图 9-5 所示，这是介绍法的三种操作方式。

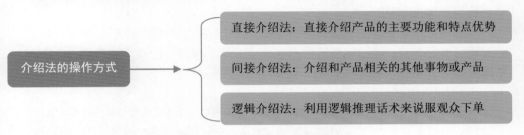

图 9-5　介绍法的三种操作方式

1．直接介绍法

直接介绍法是指主播直接向观众介绍和讲述产品的优势和特色，让观众快速了解产品的卖点。这种直播话术的最大优势就是非常节约时间，能够直接让观众了解产品的优势，省却不必要的询问过程。

例如，对于服装产品，主播可以这样说："这款服饰的材质非常轻薄贴身，很适合夏季穿着。"这就是通过直接介绍服装的优点，提出服装的材质优势，来吸引观众购买。

2．间接介绍法

间接介绍法是指采取向观众介绍和产品本身关系密切的其他事物，来衬托介绍产品本身。

例如，如果主播想向观众介绍服装的质量，不会直接说服装的质量有多好，而是介绍服装采用的面料来源，来间接表达服装的质量过硬和值得购买的意思，这就是间接介绍法。

3．逻辑介绍法

逻辑介绍法是指主播采取逻辑推理的方式，通过层层递进的语言将产品的卖点讲出来，整个语言的前后逻辑和因果关系非常清晰，更容易让观众认同主播的观点。

例如，主播在进行服装带货时，可以向顾客说："用几杯奶茶钱就可以买到一件美美的衣服，你肯定会喜欢。"这就是一种较为典型的逻辑介绍法，表现为以理服人、顺理成章，说服力很强。

9.2.2 赞美法：提高对产品的期待

赞美法是一种常见的直播带货话术，这是因为每一个人都喜欢被人称赞，喜欢得到他人的赞美。在这种赞美的情景之下，被赞美的人很容易情绪高涨愉悦，从而购买主播推荐的产品。

主播可以将产品能够为观众带来的改变说出来，告诉观众他们使用了产品后，会变得怎么怎么样，通过赞美的语言来为观众描述梦想，让观众对产品心生向往。下面介绍一些赞美法的相关技巧，如图 9-6 所示。

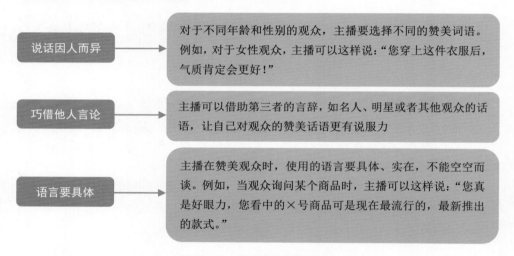

图 9-6　赞美法的相关技巧

另外，"三明治赞美法"也是赞美法里面比较被人所推崇的一种表达方法，它的表达方式是：首先根据对方的表现来称赞他的优点；然后再提出希望对方改变的不足之处；最后，重新肯定对方的整体表现状态。即先褒奖，再说实情，最后说一个总结的好处。

例如，当观众担心自己的身材不适合这件裙子时，主播就可以这样说："这条裙子不挑人，大家都可以穿，虽然你可能有点不适合这款裙子的版型，但是你非常适合这款裙子的风格，不妨来尝试一下。"

9.2.3 强调法：反复强调帮助催单

强调法，也就是需要主播不断地向观众强调这款产品是多么好，多么适合他，类似于"重要的事情说三遍"。

当主播想大力推荐一款产品时，就可以通过强调法来营造一种热烈的氛围，这样观众在这种氛围的引导下，会不由自主地下单。强调法通常用于在直播间催单，主播通过对产品的多次重复强调，能够让犹豫不决的观众立刻行动起来，相关技巧如图9-7所示。

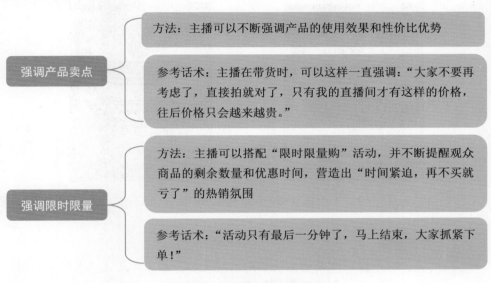

图 9-7　强调法的相关技巧

9.2.4　示范法：模拟真实使用场景

示范法也叫示范推销法，就是要求主播把要推销的产品，通过亲自试用来给顾客进行展示，从而激起观众的购买欲望。由于直播带货的局限性，使得观众无法亲自试用产品，这时就可以让主播代替他们来使用产品，让观众更直观地了解产品的使用效果。如图9-8所示，这是示范法的操作思路。

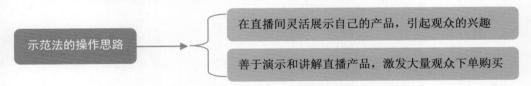

图 9-8　示范法的操作思路

例如，在下面这个卖汽车的直播间中，主播通过在车外讲解汽车的外观特点和主要功能，同时还为观众全方位地展示汽车的外观，这种场景式的直播内容更容易让观众信服，如图9-9所示。

图 9-9　汽车直播间示例

专家提醒

　　示范法涉及的方法和内容较复杂，因为不管是产品陈列摆放或者当场演示，还是主播展示产品的试用、试穿或试吃等方式，都可以称为示范法。

　　示范法的主要目的就是让观众达到一种亲身感受产品优势的效果，同时通过把产品的优势尽可能地全部展示出来，来吸引观众的兴趣。

　　通过示范法，可以让观众对主播直播间中的产品有一个更加全面的认识，从而产生身临其境的感觉，更能刺激观众的下单欲望。

9.2.5　限时法：限定时间刺激下单

　　限时法是指主播直接告诉观众，本场直播在举行某项优惠活动，这个活动到哪天截止，在这个活动期，观众能够得到的利益是什么。此外，主播还需要提醒观众，在活动期结束后，再想购买就要花更多的钱。

　　参考话术："亲，这款服装我们今天做优惠降价活动，今天就是最后一天了，您还不考虑入手一件吗？过了今天，价格就会回到原价位，和现在的价位相比足足多了几百的差距呢！如果您想以优惠价购买这款服装的话，必须得尽快下单哦，机不可失，时不再来。"

　　主播在直播间向观众推荐产品时，就可以积极运用限时法，造成紧迫感，也可以通过直播界面的公告牌和悬浮图片素材中的文案来提醒观众。

　　使用限时法催单时，主播还需要给直播商品开启"限时限量购"活动，这是一种通过对折扣促销的产品货量和销售时间进行限定，来实现"饥饿营销"的目的，可以快速提升店铺人气和 GMV（Gross Merchandise Volume，网站成交金额）。

　　以拼多多直播为例，主播可以在拼多多后台的"店铺营销→营销工具"页面，单击"限时限量购"按钮进入其页面，单击"立即创建"按钮，如图 9-10 所示。

图 9-10　单击"立即创建"按钮

　　执行以上操作后，进入"创建限时限量购"页面，如图 9-11 所示。主播可以在此设置活动类型和名称，并添加直播商品作为活动商品。创建限时限量购活动后，主播可以获得独有标签，吸引更多买家点击。

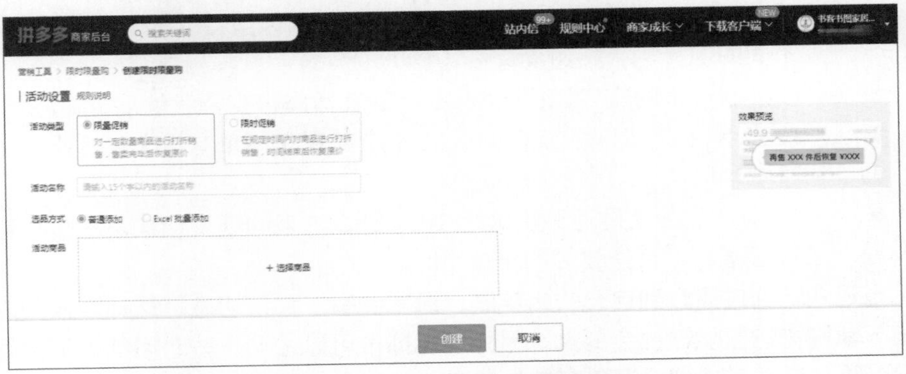

图 9-11　"创建限时限量购"页面

9.3 直播氛围：让直播不尬场

在电商直播平台上，直播作为一个卖货的空间，主播要通过自己的言行在整个环境氛围上营造出紧张感，给观众带来时间压力，刺激他们在直播间下单。

主播在直播带货时，必须时刻保持高昂的精神状态，将直播当成是现场演出，这样观众也会更有沉浸感。本节将介绍一些营造直播带货氛围的相关话术技巧，帮助主播更好地引导观众下单。

9.3.1 开场招呼：大声念出观众名字

当有观众进入直播间之后，直播的评论区会有显示。主播在看到进直播间的观众之后，可以对其表示欢迎。

当然，为了避免欢迎话术过于单一，主播可以在一定的分析之后，根据自身和观看直播的观众的特色来制定具体的欢迎话术。具体来说，常见的欢迎话术主要包括以下四种。

（1）结合自身特色。如："欢迎 XXX 来到我的直播间，希望我的歌声能够给您带来愉悦的心情。"

（2）根据观众的名字。如："欢迎 XXX 的到来，看名字，你是很喜欢玩《XXX》游戏吗？真巧，这款游戏我也经常玩！"

（3）根据观众的账号等级。如："欢迎 XXX 进入直播间，哇，这么高的等级，看来是一位大佬了，求守护呀！"

（4）表达对忠实粉丝的欢迎。如："欢迎 XXX 回到我的直播间，差不多每场直播都能看到你，感谢一直以来的支持呀！"

另外，主播在开场时也要记得和观众打招呼，下面是一些常用的模板。

- "大家好，主播是新人，刚做直播不久，如果有哪些地方做得不够好，希望大家多包容，谢谢大家的支持。"
- "我是 ××，将在直播间给大家分享 ×××，而且还会每天给大家带来不同的惊喜哟，感谢大家捧场！"
- "欢迎新进来的宝宝们，来到 ×× 的直播间，支持我就加个关注吧！"
- "欢迎 ×× 进入我的直播间，×× 产品现在下单有巨大优惠哦，不要错过哟！"
- "×× 产品秒杀价还剩下最后 10 分钟，进来的朋友们快下单哈！错过了这拨福利，可能要等明年这个时候了哦！"

当观众听到主播念到自己的名字时，通常会有一种亲切感，这样观众关注主播和下单购物的可能性也会更大。另外，主播也可以发动一些老粉丝去直播间跟自己聊天，带动其他观众评论互动的节奏。

9.3.2 暖场互动：积极互动拉近关系

在各大平台的直播中，主播也需要和观众进行你来我往的频繁互动，这样才能营造出更火热的直播氛围。当观众在直播中购买产品，或者刷礼物支持主播时，主播可以通过一定的话语对观众表示感谢。

① 对购买产品的感谢。如："谢谢大家的支持，XXX 不到 1 小时就卖出了500 件，大家太给力了，爱你们哦！"

② 对刷礼物的感谢。如："感谢 XX 哥的嘉年华，这一下就让对方失去了战斗力，估计以后他都不敢找我 PK 了。XX 哥太厉害了，给你比心！"

此外，主播还要懂得引导观众，让观众为自己助力。对此，主播可以根据自己的目的，用不同的话术对观众进行引导，具体如下。

（1）引导购买。如："天啊！果然好东西都很受欢迎，半个小时不到，XX已经只剩下不到一半的库存了，要买的宝宝抓紧时间下单哦！"

（2）引导刷礼物。如："我被对方超过了，大家给给力，让对方看看我们真正的实力！"

（3）引导直播氛围。如："咦！是我的信号断了吗？怎么我的直播评论区一直没有变化呢？喂！大家听不听得到我的声音呀？听到的宝宝请在评论区扣个 1。"

主播可以利用一些互动话术和话题，吸引观众深度参与到直播，如图 9-12所示。

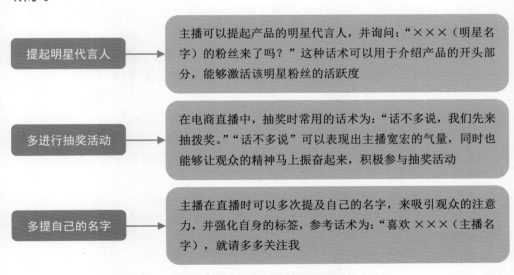

图9-12 暖场互动话术的相关技巧

9.3.3 时间压力：促使观众不再犹豫

有很多人做过相关的心理学试验，都发现了一个共同的特点，那就是"时间压力"的作用。

- 在用数量性信息来营造出超高的时间压力环境下，消费者很容易产生冲动性的购买行为。
- 而在用内容性信息来营造出较低的时间压力环境下，消费者在购物时则会变得更加理性。

主播在直播带货时也可以利用"时间压力"的原理，通过自己的语言魅力营造出一种紧张状态和从众心理，来降低观众的注意力，同时让他们产生压力，忍不住抢着下单。

下面介绍一些能够增加"时间压力"的带货话术模板。

（1）参考话术："6 号产品赶紧拍，主播之前已经卖了 10 万件！"

这种话术用销量数据来说明该产品是爆款，同时也能辅助证明产品的质量可靠性，从而暗示观众该产品很好，值得购买。

（2）参考话术："XX 产品还有最后 5 分钟就恢复原价了，还没有抢到的朋友要抓紧下单了！"

微信视频号主播用倒计时来制造产品优惠的紧迫感和稀缺感，让观众产生"自己现在不在直播间下单，就再也遇不到这么实惠的价格"的想法，从而产生一种紧迫感，开始购买。

（3）参考话术："XX 产品主播自己一直在用，现在已经用了 3 个月了，效果真的非常棒！"

主播通过自己的使用经历，为产品做担保，让观众对产品产生信任感，激发他们的购买欲望。需要注意的是，同类型的产品不能都使用同样的话术。

（4）参考话术："这次直播间的优惠力度真的非常大，工厂直销，全场批发，宝宝们可以多拍几套，价格非常划算，下次就没有这个价了。"

主播通过反复强调优惠力度，同时抛出"工厂直销"和"批发"等字眼，会让观众觉得"主播已经没有利润可言，这是历史最低价"，吸引他们大量下单，从而提高客单价。

（5）参考话术："直播间的宝宝们注意了，XX 产品的库存只有最后 100 件了，抢完就没有了，现在拍能省 XX 元，还赠送一个价值 XX 元的小礼品，喜欢的宝宝直接拍。"

主播通过产品的库存数据，来暗示观众这个产品很抢手，同时还利用附赠礼品的方式，来超出观众的预期价值，达到更好的催单效果。

（6）参考话术："XX 产品在店铺的日常价是 XX 元，去外面买会更贵，一般要 XX 元，现在直播间下单只需 XX 元，所以主播在这里相当于给大家直接打了 5 折，价格非常划算了。"

主播通过多方对比产品的价格，来突出直播间的实惠，让观众放弃去其他地方比价的想法，从而在自己的直播间下单。

9.3.4　观众提问：积极回复赢得好感

许多观众之所以会对主播进行评论，主要就是因为他们对于产品或主播说的话有些疑问。针对这一点，主播在策划直播脚本时，应尽可能地选择一些能够引起观众讨论的内容。这样做出来的直播自然会有观众感兴趣的点，而且观众参与评论的积极性也会更高一些。

当观众对主播进行提问时，主播一定要积极做好回复，这不仅是态度问题，还是获取观众好感的一种有效手段。下面总结了一些电商直播间观众常提的问题和对应的解答技巧，可以帮助主播更好地回复观众并引导他们互动。

1．问题 1："看一下 XX 产品"

第一个常见的提问为"看一下 XX 产品"或"X 号宝贝试一下"，观众在评论中提出需要看某个产品或款式。针对这一类型的提问，表示观众在观看直播的时候，对该产品产生了兴趣，需要主播进行讲解，所以提出了这个问题。

如果主播方便的话，或者时间比较充裕，则可以马上拿出产品进行试用或试穿，同时讲解产品的功能和价格等方面的优势，并挂上产品链接引导观众下单。

2．问题 2："主播多高、多重？"

第二个常问的问题是问主播的身高和体重，如："主播多高、多重？"在直播间中，通常会通过公告牌、文字、小黑板或悬浮图片素材来展示主播的身高与体重信息，但观众可能没有注意到这些细节，如图 9-13 所示。

此时，主播可以直接回复观众，提醒他们查看直播界面上的信息，有其他的问题可以继续留言。

3．问题 3："身高不高能穿吗？"

第三个问题是观众在直播间内问主播："身高不高能穿吗？"对于这个问题，主播可以让观众提供具体身高和体重信息，然后再给予合理的意见；或者询问观众平时所穿的尺码。

例如，卖连衣裙的直播间，主播可以说自己的产品是标准尺码，平时穿 L 码的观众，可以直接选择 L 码，也可以自行测量一下自身的腰围，再参考裙子的详情页中的详细尺码信息，来选择适合自己的尺码。

图 9-13　通过公告牌或悬浮图片素材显示主播的身高与体重信息

4. 问题 4："主播怎么不理人？"

有时候观众会问主播："为什么不理人？"或者责怪主播没有理会他。这时候主播需要安抚该观众的情绪，可以回复说没有不理，并且建议观众多刷几次评论，主播就能看见了。如果主播没有及时安抚观众的话，可能就会丢失一个潜在客户。

5. 问题 5："x 号宝贝多少钱？"

最后一个问题是针对观众观看直播，但是他没有看商品的详情介绍，而提出的相关价格方面的问题。对于这个问题，主播可以引导观众在直播间领券下单，或者告诉观众关注店铺可享受优惠价。

9.3.5　卖货话术：观众跟随直播节奏

对于直播带货的主播来说，卖货是必须掌握的技能。因此，主播需要掌握卖货的话术技巧，来提升直播间的气势和氛围，促使观众跟随节奏下单。

主播要想在直播间卖货，前提条件是直播间有足够的氛围和人气，这样才能提起观众的兴趣，让他们更愿意在直播间停留，从而增加更多成交和转化的机会。下面介绍一些主播与观众进行恰当沟通和互动的技巧，让直播间能够长久保持热度，如图 9-14 所示。

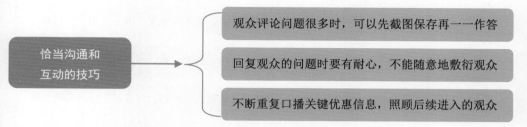

图 9-14　恰当沟通和互动的技巧

当然，一般观众较多的直播间提问频率是非常高的，主播在面对大量的评论信息时，不可能一个个去回答，这样会非常累，还会压缩介绍产品的时间，无限期地拖长直播时间，不利于直播的顺利进行。另外，这样还容易遗漏部分观众的问题，导致他们离开直播间。

因此，主播在开始介绍产品并卖货时，要多使用引导话术，让观众根据主播的模板进行提问，这样能够统一回复大家的问题，如图 9-15 所示。

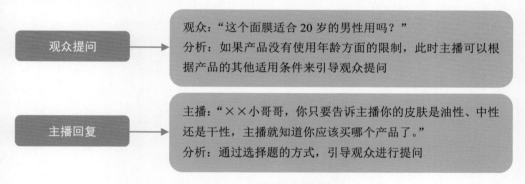

图 9-15　引导话术的沟通案例

电商直播卖货话术的关键在于营造一种抢购的氛围，处于抢购氛围中的观众下单会更加爽快。

主播需要掌握每个直播环节的话术要点，根据话术模板来进行举一反三，将其变成自己专属的卖货语言，这样就能做到"以不变应万变"。

其实，直播卖货话术的思路非常简单，无非就是"重复引导（关注、分享）+互动介绍（问答、场景）+促销催单（限时、限量与限购）"，主播只要熟练使用这个思路，即可轻松在直播间卖货。

如图 9-16 所示，这是一些常用的直播卖货话术模板，分享给大家。

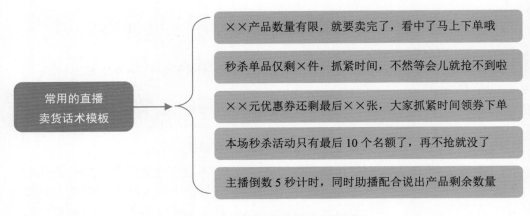

图 9-16　常用的直播卖货话术模板

第 10 章
直播营销：促进产品盈利

学前提示

直播形成"种草"是直播带货的关键，利用直播来引导消费者进行消费是直播的价值所在，那么如何在直播中形成"种草"效果呢？可以从两点出发，第一是直播内容，让用户在观看直播的过程中产生"种草"效应；第二是利用"品牌效应"，放大卖点实现效益最大化。

要点展示

- 种草营销：五个步骤编写
- 挖掘卖点：快速呈现价值
- 激发活力：价值刺激购买

10.1 种草营销：五个步骤编写

作为曾经网络上风靡一时的流行语，大家是否都懂得"种草"的含义？笔者认为"种草"就是把自己认为具有某种优秀品质的产品推荐给他人。在这个信息发达的时代，把产品推荐给亲人朋友是很容易成功的。但是，如何把这种个人行为转化为商业行为？如何向全民成功"种草"？接下来笔者向大家介绍直播"种草"营销的五个步骤。

10.1.1 产品昵称：给观众提供记忆点

要想让人记住一款产品，要么是品质出众，让人觉得使用效果非常好，要么是这款产品名称朗朗上口，已成为一个大众流行语。例如，被称为"国货之光"的大宝 SOD 蜜护肤品，一提起来，无人不知无人不晓。不仅是因为它的护肤效果好，还因为它的名字读起来很有记忆点。

更值得一提的是，至今"大宝"的销售量依然非常可观。虽然护肤品的更新换代之快令人咋舌，但是人们依然记得"大宝"这个名字，有了清晰的记忆点就会促使消费者进行消费。这就是产品拥有好昵称的效果，在很多年以后还能引起用户回忆。

主播也可以根据产品特定的使用场景或者效果，给产品取一个抽象化的昵称。例如，某彩妆品牌因为产品的外包装主打蓝色，再加上瓶身上宽下窄的设计，所以给产品取名为"蓝胖子"。这种将产品昵称意象化的方法也是直播"种草成功"的关键一步。

10.1.2 核心卖点：有效促进产品盈利

由于各行业的发展迅速，大众对于产品款式、风格的更新速度越来越快。有些款式在上个月很流行，引发众人购买，非常畅销；但是到了这个月，这个款式很可能就已经落伍，没有人愿意去购买了。

对于快销产品来说，需要时刻保持产品款式的新颖、流行。了解市场产品风向，主播才可以满足顾客、粉丝的需求。同时，主播也能避免出现好不容易得到一批优质的货源，准备好在直播间向观众、粉丝介绍推荐时，却已经不再流行，无法吸引粉丝来购买，只能低价出售或者留在库存里，成为压箱货的情况。

对于主播来说，跟上市场的流行趋向是远远不够的，要引起用户的注意还得找到产品一个到两个被用户核心"种草"的卖点。主播可以通过用户回访、绘制用户分布画像图或在直播时直接询问用户等方式收集用户体验信息，找出产品最关键的卖点，然后再将其不断放大，这样可以有效地提升用户购买率。

另外，主播在寻找核心卖点时，要注意市场容量分析。市场容量，是指在特定类型的市场中，用户有购买力的，对某种特定商品的潜在市场总需求量。市场容量的大小决定了用户的购买力强弱。

主播在推销一款产品前，需要了解这款产品的市场需求空间以及需求量，根据市场容量来进行产品的选择，才可能有不错的销售额。

专家提醒

如果市面上设计风格和类型相同的服饰已经饱和，到处都有在卖这款服饰的商家，此时主播再跟着销售这款商品就有两个潜在风险：第一，竞争太大，无法达到理想的销售额；第二，这款商品已经不能再刺激消费者购买，商品难以再卖出去。

10.1.3　简单直接：清晰明了展现优势

内容简单明了适用于直播间的全部流程。虽然每件产品都带有它独特的优势，但是千里马也需要伯乐。现在用户要面对的市场上的诱惑太多，并不是所有的产品都会发光。如果主播不能让用户简单直接地了解产品的用途或者优点，那被这市场上琳琅满目的商品所掩埋是迟早的事。

如图 10-1 所示，这是某玉石店铺直播。可以看出，直播间没有多余的内容，就是对玉石整体或者细节的拍摄。这样简单直接的拍摄能让观众更全面地了解该店铺玉石的品质。事实也证明，这种方式能有效地提高观众购买率，吸引了不少观众讨论直播间的产品，还有人讨论哪块玉石品质更好。

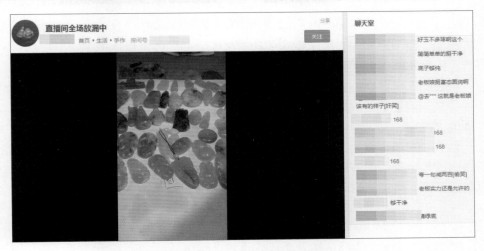

图 10-1　内容简单明了的直播案例

10.1.4　测评体验：展现产品使用感受

不管是相信产品还是相信主播，绝大部分促使观众购买的行为都是基于信任。任何陌生的、不了解的产品都会让人产生一种疏离感。基于这种情感上的交流，主播要想卖出好的业绩，就要在产品测评和个人体验上下大功夫。

比如，在实体服装店，顾客只能看见陈列在卖场中的服装，这只是一种平面的视觉感官，虽然服装店里会有人形模特衣架来展示衣服的立体效果，但始终不能大规模地进行这种操作，而在网上旗舰店购买商家的产品，大多也只能看到模特对服装进行上身效果的展示，如图 10-2 所示。

图 10-2　服装模特进行效果展示宣传

然而，对于现实中有购买需求的顾客来说，他们的身材体形无法像模特一样标准，自然不能仅凭模特上身效果来判断自身的情况。

服装的上身效果一直是人们最关注的点，不管服装的宣传语、质量等多么好，如果买家不清楚是否真的适合自己，很可能就会放弃购买，可如果要买家自己一件件地去试穿，又太浪费时间和精力。

为此，主播可以通过服装的上身效果来挖掘产品的卖点，如果服装的上身效果是一种较宽松、男友风格的，就可以针对身材不太完美的观众介绍这款衣服可以隐藏赘肉、修饰身材，促使其产生下单的欲望。

10.1.5　品效合一：有效提高粉丝黏性

如何提高粉丝的黏性一直是机构和主播非常关心的一点。在直播平台上，有无数的直播间可供观众去点击、观看。同理，直播间的粉丝一样拥有着绝对的选择权和去留权。

这时，不仅需要主播的个人魅力去吸引、留住粉丝，也需要通过商品的品质来打动、留住粉丝的心，当条件具备时，还要打造自己的直播品牌。对于那些有消费需求、消费能力的粉丝来说，还是商品的质量款式和价格最牵动他们的注意力。那么如何吸引粉丝，实现品质效益一体化？大家可以从以下两点来了解。

1. 商品要和主播相配

主播在进行产品直播销售时，在风格的选择上，最好能够选择和自身形象相匹配的产品进行直播。这样，在向粉丝介绍和推荐产品的时候，给观众的视觉效果会比较统一、和谐，能让观众产生信服感，使主播的行为举止拥有一定的说服力，从而才能保证粉丝的留存比例，也能保持粉丝的纯度。

2. 主播自主选品技巧

主播在选择产品的时候，最好是可以学会自主选品。因为只有商品选得合适恰当，才能保证它的一个销售情况和转化率。至于主播如何掌握选品技巧，可以根据以下两个要点来了解。

1）了解选品原则，进行选品工作

选品，实际上是为平台匹配的兴趣用户选品。在找到精准的受众群体后，需要根据受众群体来进行选品。

它要求主播在推销一款产品前，要对产品有基本的了解，并判断市场的需求，了解这款产品的需求空间以及需求量，根据市场的需求来进行产品风格的选择。

2）分析商品特色，培养选品思路

对于选品技巧方面来说，如何树立起选品思路是一个关键点，只有树立起好的选品思路，才能让自己在选品的过程中更加便捷、快速地进行商品的选择，同时还能保证选择的商品具有一定的消费市场。接下来向大家介绍三点选品思路。

第一，在普通商品中找突出、特色的商品。从普通产品里找出特色产品，就是找出比普通商品更加有特色的商品。例如，对于冬天穿的保暖内衣来说，这是非常普通的产品，没有什么特别之处，也找不出什么特别的花样。但是现在，它也可以以新的模样出现在大众的选择中。

发热保暖内衣就是其中一种改变，它的特色就是使穿着者可以行动自如，又自带发热功能，兼具保暖性。如图10-3所示，这是普通保暖内衣和发热保暖内衣宣传图。

44-55℃随时随地
调节你想要的温度。

红色光
温度约55℃左右
使用时间3小时左右

蓝色光
温度约50℃左右
使用时间4小时左右

白色光
温度约45℃左右
使用时间5小时左右

图 10-3　普通保暖内衣和发热保暖内衣宣传图

另外，主播还可以在直播间设置其他的互动玩法，如关注直播间参与限时抽奖或限时秒杀等活动。注意，在活动过程中主播要反复强调活动为观众带来的价值，来提升他们参与活动的积极性。

第二，寻找有固定用途的商品。有固定用途的商品，说明商品有固定的使用场景，用户可能更注重商品的实用性。例如，如图 10-3 所示的发热保暖内衣，就是仅限于冬天使用的。

第三，了解商品本身的利润情况。对于商家和主播来说，销售产品必然涉及产品的利润，他们都希望获得较大的经济价值。

因此，在选品方面，如果不根据产品的利润情况进行分析去选品，很容易导致出现主播付出了极大的精力卖货，结果利润微薄，甚至需要倒贴的情况。那么，这款商品即使再适合自己的粉丝群体，也需要慎重考虑。

10.2　挖掘卖点：快速呈现价值

主播在直播间进行产品销售时，要想让自己销售的商品有不错的成交率，就需要满足目标受众的需求点，实现产品价值最大化。

然而，如果在满足目标受众需求的对比中体现不出优势，那卖点也不能称为卖点了。想要使商品可以最大限度地呈现出它的价值，主播就需要学会从不同的角度挖掘商品的卖点。

10.2.1　产品宣传：快速激发观众好奇心

主播也可以根据产品的风格，设计出一些新颖的宣传词，从而吸引观众的注意力。通过合适、恰当的宣传语，可以激发观众的好奇心，向往宣传语中营造的产品效果，从而促使用户下单购买。

例如，某家电品牌的电风扇宣传语为"居家必备，空气循环，更清凉"；当销售电暖时宣传语为"即开即暖，可摇头"，或是"即开速热，倾倒断电"。

10.2.2　产品质量：用优质提升满意度

产品质量的完整概念就是用户的满意度。大部分人来选择购买产品时，都会考虑产品的质量。对于大多数人来说，质量的好坏，决定了他是否下单以及是否愿意再次购买。

随着流水线生产模式大规模地发展普及，产品的质量无法得到百分百的保证，导致部分商品的质量欠佳，出现外观、原材料等影响产品使用效果以及使用寿命的问题，使得用户对于产品的质量问题特别关注。

同时，随着社会的不断发展，人们的经济收入增多，消费能力增强，消费需求发生变化，对产品的要求开始追求质感，于是现代人对于产品的质量有了另一种要求。

例如服装，顾客除了关注服装的实用性、耐用性外，也开始注重考虑服装能不能让自己穿得自在、舒适和简便。为此，很多的服装带货主播想要展现产品的卖点时，会在体现产品的特色时，注重其质量方面的展现。

因此，主播在挖掘产品卖点的时候，可以全面地向观众、粉丝展示产品的质量情况。例如，这款衬衫可以体现穿着者的优雅气质，而且衬衫不易起皱，不用费时打理；这款裙子质地轻薄，特意搭配内衬，不易走光；这款裤子垂感很好，更显腿长。

10.2.3　产品风格：独特风格更加吸睛

对于观众来说，由于环境、场景、心理等多种因素，对于产品需求也是不一样的。产品的每一种功能都会呈现出不同的效果，所以主播可以根据产品不同的类型风格来突出产品的卖点。

如图 10-4 所示，这是不同类型风格的手机壳。左边卡通图案的手机壳，颜色图案更加活泼可爱，更加吸引年轻、有童心的女孩的目光；而右边的手机壳图案则比较唯美，低饱和度的颜色搭配更受文艺女青年的喜爱。

图 10-4　不同风格类型的手机壳

　　而大部分用户，喜欢的产品不止一种风格类型，大多有两种或两种以上的产品风格需求。面对这种情况，主播就可以从不同的角度入手，展现各自的风格特色来寻找卖点。

10.2.4　流行趋势：顺应潮流挖掘卖点

　　流行趋势就代表着有一群人在追随这种趋势。主播在挖掘产品的卖点上，就可以结合当前流行趋势来找到产品的卖点，这也一直是各商家惯用的营销手法。以淘宝为例，一般搜索界面都会出现"排行榜"或者"全网热榜"等字样，这就是大部分用户都在关注的热点。

10.2.5　名人效应：自带流量快速盈利

　　名人效应，表示名人所产生吸引群体注意力、强化事物形象、扩大影响范围的现象。大众对于明星的一举一动都非常关注，他们希望可以靠近明星的生活，得到心理上的满足。这时，明星同款就成为服装非常好的一个宣传卖点。

　　名人效应早已在生活中的各方面产生了一定的影响，例如，选用明星代言广告，可以刺激大众消费；明星参与公益活动项目，可以带领更多人去了解、参与公益。名人效应就是一种应激式品牌，可以引领人群走向。主播只要利用好名人的效应来打造直播内容，就可以吸引用户的注意力，让他们产生购买的欲望。

10.2.6　企业品牌：品牌口碑值得信赖

对于流行的产品款式，每一个品牌店、流水工厂店都会生产类似的产品，甚至两种产品之间的风格都差不多。面对这种情况，主播想让自己的产品更加有竞争力，就可以在加工制作、品牌上打造差异化的卖点。

如图 10-5 所示，这是带有可私人定制字样的企业直播间。这样做既有企业品牌的效应，又能做出带有个人特色的产品。

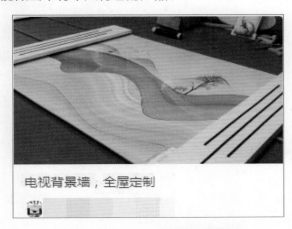

电视背景墙，全屋定制

图 10-5　可私人定制的企业直播间

10.2.7　消费人群：不同人群不同需求

不同的消费人群对于服装的关注、需求点不同，主播在面对这种情况时，就需要有针对性地突出产品的卖点，从而满足不同顾客群体的需求。

例如，关于裙装，对于成人服装款式来说，需要在卖点上突出服装的美观性、多功能性；而对于童装服饰，其设计就要突出可爱的风格，卖点宣传上会偏向于服装的实用性、舒适性。

10.3　激发活力：价值刺激购买

在笔者看来，购买欲不是被主播创造的，而是当观众进入直播间之前就已经存在了。而主播要做的就是激发观众的购买欲。传统的文案已经不适用于现在的直播间，例如舒适的品质、精美的装饰等，这些文案都只是对产品粗糙的加工，千篇一律、没有活力。要想"种草成功"还得为用户注入新的活力。那么什么才是新鲜有活力的文案？下面笔者将从五个方面进行介绍。

10.3.1　塑造画面：感官占领引起共鸣

当你每天面对同一款产品，即使它有很多闪光点，我们也有可能视若无睹。制作文案也是同样的道理，你或许对你所要推销的产品已习以为常，还在按部就班地进行文案解说。你可以尝试一种新的刺激你的大脑的方法——感官占领法。

所谓感官占领法，就是指用眼睛看、用耳朵听、用鼻子闻、用嘴巴尝，甚至用肌肤去感受，从而在脑海里形成一幅具体的画面。

专家提醒

直播时采用感官占领法，能最大限度地引起用户共鸣。和传统文案不同的是，感官上的刺激能让用户感觉身临其境，直指人心。

10.3.2　恐惧诉求：告知观众严重后果

一款除螨喷雾的详情页写道："螨虫是多种肌肤、呼吸道问题的源头，螨虫寄生在你的床铺、衣物、肌肤上，快速繁殖生长"，"螨虫困扰频发，而我们却不知"。这就是典型的恐惧诉求法，通过对具体对象的"恐怖"描写，让消费者知道，如果不购买这款产品，会造成多么严重的后果。恐惧诉求法主要可以从以下两个方面来着手。

1．对痛苦场景具体清晰描写

"具体"的意思指的是要尽可能细致地把后果代入场景中。例如，上文提到的除螨喷雾可以写得更具体些，如"螨虫会引起宝宝皮肤起疹子发红，或者宝宝莫名啼哭，不见好转，导致我们的睡眠质量大幅度下降、抵抗力差等"，这种具体的场景能够引起直播用户的同理心。

2．表明后果的难以承受性

直播"种草"是一个非常快速的过程，用户决定购买一款产品甚至只有几秒的时间，那么如何抓住这几秒的黄金时期呢？引起用户重视，表明不购买这款产品的后果是用户不想承担的，这是非常重要的一种方法。

10.3.3　社会认同：利用观众从众心理

心理学实验证明，大部分人都会有从众心理，社会认同是一种非常强大的营销方法，主播将其应用于直播营销中，可以吸引大批的观众进行下单购买。

例如，当主播销售一款牛肉干时，可以说："这位观众已经下单两斤，还有100位用户在排队等候，只此一家，走过路过千万不要错过。"这样既暗示了其他观众这款牛肉干很畅销，还能激起观众的好奇心，赢得观众信任。

另外，还有一种价格认同，主播也可以运用于直播营销中。主播在直播中可以主动出击，向观众解释产品价格的合理性，从而让观众产生一种观念——直播间的产品价格十分实惠。

10.3.4 合理购买：使购买行为合理化

众所周知，当消费者在淘宝上买东西时，会享受到三种服务：七天内无理由免费退换，圆通、百世或者邮政指定快递，三个月或一年内免费保修。这是因为当消费者在购买产品的时候，会有三个方面的顾虑：

（1）这款产品买回来后之后如果不满意能否退货？

（2）店铺发货是否会有通知？什么时候发货？物流服务怎么样？

（3）产品价格是否偏高？产品坏了怎么办？

此时，淘宝平台的三项服务就完美地解决了这些问题，打消了消费者的顾虑。相比起来，直播平台还有一大优点，那就是产品的售后服务不再局限于店铺或者淘宝客服，消费者可以向主播寻求帮助，或者在直播间直接提出问题。

这样做，一来在直播间可以与其他观众实时分享购物体验；二来如果主播看重直播间的口碑，会更加重视售后服务。

让观众觉得购买行为合理化的方法主要有四种，如图10-6所示。

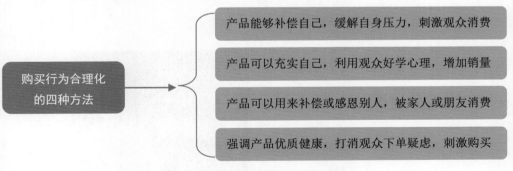

图 10-6 购买行为合理化的四种方法

1. 补偿自己

当观众感觉自己很累，需要奖励或者犒劳自己的时候，就会产生购买的欲望。主播可以从这点出发，刺激观众，提升购买率。

例如，推销按摩仪时，主播可以说："工作是累，但是也要劳逸结合，忙碌了一天的宝宝，可以体验下我们的这款产品，可以缓解颈部压力，放松你的身心。"这样久坐在电脑前感到疲惫的观众可能就会心动了。

2．充实自己

有一种类型的直播是学习类直播，观众可以免费进入直播间，学习各种课程。但直播的时间有限，观众能够学到的内容也有限，主播这时候就可以告诉观众，如果想要继续学习，可以支付一定费用购买线上课程或者加入学习群。

如图 10-7 所示，这是 B 站一位主播针对观众的求学心理进行直播营销线上课程。

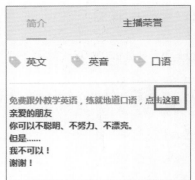

图 10-7　利用观众求学心理进行直播营销

3．补偿或感恩别人

补偿别人这一行为通常用于向他人赔礼道歉或者当自己付出的没有别人多时，希望可以通过一些小礼物来获得他人的好感，主播将这种心理状态应用于直播推广中来，也能吸引不少观众下单。

在激发观众购买欲时，主播就可以说："礼轻情意重，这款产品是最适合送人的。"也许有些并不打算购买的观众，听了之后想到了合适的送礼人选，就果断购买了。

对于有些观众来说，或许在为自己下单买东西的时候他们舍不得花钱，但是当亲朋好友需要的时候，则毫不吝惜。针对这些观众，主播在推销产品的时候，可以说这件产品很适合送家人好友。

4．追求健康

健康一直是人们持续关注的话题，当主播在进行产品带货，尤其是食品类产品的带货时，可以强调产品的健康性，让观众买得放心，用得舒心。

10.3.5　尊重需求：尊重观众多种需求

现如今人们的日常需求已经从过去吃饱穿暖的物质需求转变成了身份、地位、享受等多种精神需求。因此，主播可以在直播中尊重观众的多种需求——既包括物质方面，又涵盖精神层面，进行产品推广。

第 11 章
直播盈利：实现产品引爆

学前提示

随着短视频平台的发展，带来了"短视频＋直播"新的直播模式，让直播再一次火爆起来。特别是一些直播网红，利用其本身的强大号召力和粉丝基础，以直播内容打造自己的专属私域流量池，从而进行用户导流和商业盈利。

要点展示

- 常见方法：6 种方法盈利
- 长久盈利：12 种方法促进活跃度

11.1　常见方法：6 种方法盈利

本节总结了直播盈利的 6 种常见方法，比如卖会员，让观众享受特殊服务；直播间打赏，让观众为主播的表现给出奖励。此外，还有版权销售、道具、付费观看等盈利方式。

11.1.1　卖会员：无须分成收益更高

会员是内容盈利的一种主要方法，不仅在直播行业比较风行，而且在其他行业也早已是发展得如火如荼，特别是各大视频平台的会员制，比如 YY、优酷、爱奇艺等。

直播平台实行会员模式与视频平台实行会员模式有许多相似之处，其共同目的都是盈利盈利。那么会员模式的价值到底体现在哪些方面呢？分析如下。

（1）平台可以直接获得收益。

（2）直播平台的推广部分依靠会员的力量。

（3）通过会员模式可以更加了解观众的偏好，从而制定相应的营销策略。

（4）会员模式可以使观众更加热衷直播平台，并养成定期观看直播的习惯。

平台采用会员制的原因在于主播获得打赏的资金所占比例较高，一定程度削弱了平台自身的利益，而会员模式无须与主播分成，所以盈利更为直接、高效。对于主播来说，可以通过微信来管理会员，针对付费会员开设专属直播间。

11.1.2　粉丝打赏：最原始最主要的方法

打赏的盈利模式是最原始也是最主要的，现在很多直播平台的盈利大多数还是依靠打赏。所谓打赏，就是指观看直播的观众通过金钱或者虚拟货币来表达自己对主播或者直播内容的喜爱的一种方式。这是一种新兴的鼓励付费的模式，观众可以自己决定要不要打赏。

打赏已经成为直播平台和主播的主要收入来源，与微博、微信文章的打赏相比，视频直播的打赏来得更快，观众也比较冲动。

打赏与卖会员、VIP 等强制性付费模式相比，它是一种截然相反的主动性付费模式。当然，主播在直播中要想获得更多粉丝的付费鼓励，除了需要提供优质的直播节目内容外，也需要一定技巧。给文章打赏，是因为文字引起了用户的情感共鸣；而给主播打赏，有可能只是因为主播讲的一句话，或者主播的一个表情、一个搞笑的行为。相比较而言，视频直播的打赏缺乏理性。同时，这种打赏很大程度上也引导着直播平台和主播的内容发展方向。

粉丝付费鼓励与广告、电商等盈利方式相比，其用户体验更好，但收益无法控制，不过对于直播界的超级网红来说，这些方式获得的收益通常不会太低，可以在短时间内获得大量收益。

11.1.3　付费观看：优质内容更易盈利

在直播领域，除了打赏、观众现场订购等与直播内容和产品有着间接关系的盈利盈利外，另外还有一种与直播内容有着直接关系的盈利盈利模式，即优质内容付费模式——粉丝交付一定的费用再观看直播。

当然，这种盈利模式首先应该基于三个基本条件：有一定数量的粉丝、粉丝的忠诚度较强、具有优质直播内容。

在具备上述条件的情况下，直播平台和主播就可以尝试进行优质内容付费的盈利盈利模式，它主要出现在拥有自身公众号的直播内容中，是基于微信公众号文章的付费阅读模式发展而来的。

关于优质内容付费的盈利模式，在尽可能吸引观众注意力的前提下，该模式主要可以分为三类，具体如下。

1．先免费，后付费

如果主播有着优质内容，但平台直播业务的开展还处于初创期，因此需要先让观众了解平台和主播，这就需要让观众通过免费的方式来关注主播和直播内容，从而引起观众关注的兴趣，然后再推出付费的直播内容。

2．限时免费

直播平台和主播除了提供初创期免费的直播课程外，有时还会提供另一种免费方式——限时免费。一般是直播平台设置免费的方式和时间，意在说明该直播课程不是一直免费的，有时会以付费的方式出现，提醒观众注意关注直播节目和主播。

3．折扣付费

为了吸引观众关注，直播平台与日常商品一样，采取了打折的方式。它能让观众感受到直播节目或课程原价与折扣价之间的差异，当原价设置得比较高时，观众一般会产生一种"这个直播节目的内容应该值得一看"的心理，然而又会因为它的"高价"而退却。假如此时打折，就给那些想关注直播的观众提供了一个观看的契机——"以低价就能看到有价值的直播，真值！"

当然，直播如果想把付费观看这种盈利模式发展壮大，其基本前提就是要保证直播内容的质量，这才是直播内容盈利最重要的因素。

11.1.4　版权销售："大块头"盈利

版权销售这一内容盈利模式也大多应用于视频网站、音频平台等领域，对于直播而言，主要就在于各大直播平台在精心制作直播内容时引进的各种优质资源，比如电视节目版权、游戏版权等，而版权提供方则可以获得版权收入。

例如，某届 LPL（英雄联盟职业联赛）全赛季的版权由全民直播、熊猫直播、战旗直播三大直播平台获得，而斗鱼直播和虎牙直播只得到了常规赛周末赛事的部分版权。

作为直播行业中势头发展一直稳健的游戏直播来说，各大赛事直播的版权都是十分宝贵的，不亚于体育赛事的直播。因为只要谁拿到了版权，就可以吸引无数粉丝前来观看直播，而且赛事的持续时间较长，可以为直播平台带来巨大收益。

11.1.5　企业宣传：提供付费技术支持

企业宣传主要是指直播平台推广针对性的行业解决方案，为有推广需求的企业提供付费技术支持。直播平台可以提供专业的拍摄设备和摄像团队，帮助企业拍摄会议宣传、品牌推广、产品推广、活动宣传等直播服务，同时提供每场直播影像的数据分析服务，满足企业客户的更多需求。

例如，云犀拍摄就是一个为客户提供一站式拍摄、直播及短视频制作的服务商，致力于为企事业单位提供高质量的实时影像服务。如图 11-1 所示，这是云犀拍摄的合作流程。

图 11-1　云犀拍摄的合作流程

11.1.6　游戏道具：直播免费道具收费

对于游戏直播而言，道具是一种比较常见的盈利模式。与视频平台相比，游戏用户更愿意付费，因为游戏直播的玩家和用户群体的消费模式类似，观看的时候免费，但如果要使用道具就需要收费。

相较于其他直播而言，游戏道具盈利模式明显存在不同之处，那就是直播节目内容是免费的，但是当观众要参与其中成为游戏玩家而使用道具时，就需要付费购买。当然，这也是游戏直播最大的盈利盈利途径。

专家提醒

直播可以激发游戏玩家购买道具的欲望，因为道具收费本来就是游戏中传统的收费模式，但如今通过直播的方式直接给用户呈现出使用道具后再玩游戏的效果，就会给用户带来一种更直观的感受，让他更愿意去购买道具，而不是像以前那样担心道具到底值不值得买。

11.2　长久盈利：12 种方法促进活跃度

所有的直播营销，最终目的都只有一个——盈利。即利用各种方法，吸引流量，让观众购买产品，参与直播活动，让流量变为销量，从而获得盈利。本节将向大家介绍几种直播盈利的策略，以供参考。

11.2.1　网红盈利：利用影响力盈利

网红盈利是一种基于网红为核心的相关产业链延伸出来的一系列商业活动，其商业本质还是粉丝盈利，即依靠粉丝的支持来获得各种收益。

网红盈利模式适合有颜值、有辨识度、有专业策划团队、有精准粉丝群体的网红大咖。这种盈利模式的方法主要有以下几种。

1．先卖个人影响力

通过网红自身的影响力来接广告、做品牌代言人，或者做产品代购等方式实现流量盈利。

2．建立网红孵化公司

大网红可以创建自己的公司或团队，通过培养新人主播，为他们提供完备的供应链和定制产品，孵化出更多的小网红，从而共同增强自身的盈利能力。

3．打造个人品牌

网红通过建立自己的品牌，让自身影响力为品牌赋能，产生品牌效应，促进品牌产品或服务的销售。

11.2.2　现场订购：直播卖货促进盈利

对于一些拥有自己产品的企业和商家来说，其直播所产生的盈利仍主要集中于产品销售方面，为直播吸引足够的流量，最后让流量转化为实际销量，这样的盈利模式就是观众现场订购模式。

现场订购模式适合有店铺、产品的商家，商家可以自己变成主播，或者招募专业主播，以及跟网红主播进行合作等方式，通过直播卖货增加产品销量。

观众现场订购模式带给主播和企业、商家的是实际的现金收益，因此在进行直播时，主播有必要从以下两个方面出发设置吸睛点。

1．在标题上设置吸睛点

加入一些产品所能带给观众改变的词汇。例如，"早秋这样穿减龄 10 岁"，其中"减龄 10 岁"明显就是一个吸睛点；或是在标题中展现产品的差异点和新奇点，如"不加一滴水的面包"。

2．在直播过程中设置吸睛点

直播带货的盈利方法同样可以通过两种途径来实现。

（1）尽可能地展现优质直播内容的重点和中心点或产品的优异之处，让观众在观看的过程中受到启发，从而下单订购。

（2）当直播进行了一段时间后，间断性地发放优惠券或进行优惠折扣，促使还在犹豫的观众下单。

11.2.3　植入产品：广告模式直接盈利

在直播领域中，广告是最简单直接的盈利方式，主播只需要在自己的直播平台或内容中植入商家的产品或广告，即可获得一笔不菲的收入。植入产品或广告盈利模式适合拥有众多粉丝的主播。

在直播中植入产品或广告的盈利模式主要包括硬广告和软植入两个大类。

1．硬广告

所谓"内容即广告"，这是众多视频节目的本质体现。因此，主播可以直接在直播中发布商家的广告，也可以直接转发商家在其他平台上的广告和内容。

2．软植入

商家广告通过直播内容不经意间地植入，为自己的产品做宣传，广告的痕迹不明显。

11.2.4 直播活动：多种活动实现盈利

在直播平台，主播还会针对新用户和会员展开各种各样的活动，并以此实现盈利盈利。直播活动盈利模式适合有活动策划能力且有更多企业合作资源的主播或平台。

其中，针对新用户，一般采用送礼品或一定数额的充值，让用户获得某一项利益，来吸引他们关注直播。

针对会员用户，直播平台一般会不时地推出各种不同的营销活动，促进会员消费和与平台的互动，并充分挖掘老客户的营销潜力。具体来说，一般包括两类，一是礼包的赠送，二是其他与会员权益相关的新活动的推出。

11.2.5 MCN 网红：机构加持盈利稳定

MCN，是 Multi-Channel Network 的缩写，MCN 模式来自国外成熟的网红运作，是一种多频道网络的产品形态，基于资本的大力支持，生产专业化的内容，以保障盈利的稳定性。

MCN 网红盈利模式适合各领域的头部、腰部或尾部网红。90% 以上的头部网红，其背后都有一个强大的 MCN 机构。如果想要打造 MCN 网红孵化机构，成为"捧起网红的推手"，自身还需要具备以下特质和技能。

（1）熟悉直播业务的运营流程和相关事项，包括渠道推广、团队建设、主播培养、市场活动开发等。

（2）熟悉艺人的运营管理，能够制定符合平台风格的艺人成长激励体系。

（3）善于维护直播平台资源，能建立和优化直播人员的运营体系和相关机制。

（4）有团队精神和领导团队的经验，能够面试和招募优质的新艺人，指导他们的职场发展。

（5）熟悉娱乐直播行业，对行业内的各项数据保持敏感，能够及时发现流行、时尚的事物。

（6）熟悉网红公会的运营管理方法，对游戏、娱乐领域的内容有高度兴趣。

随着新媒体的不断发展，观众对接收内容的审美标准也有所提升，因此这也要求主播团队不断增强创作的专业性，单纯的个人创作很难形成有力的竞争优势。因此，对于主播来说，尤其是处于起步阶段、粉丝数量少的主播，加入 MCN 机构是提升直播内容质量的不二选择，其理由有以下两点：

① MCN 机构可以提供丰富的资源；

② MCN 机构能够帮助创作者完成一系列的相关工作，比如管理创作的内容，实现内容的盈利，个人品牌的打造等。

有了 MCN 机构的存在，主播就可以更加专注于内容的精打细磨，而不必分心于内容的运营、盈利。

11.2.6　出演网剧：表演拍戏实现转型

出演网剧盈利模式是指主播通过向影视剧、网剧等行业发展，来获得自身口碑和经济效益的双丰收。出演网剧盈利模式适合拥有表演或唱歌等才艺的直播主播，只要主播拥有一定的名气，就有可能获得网剧邀约。

拍网剧的要求比较高，大部分直播主播需要经过一定的专业培训，提高自己的表演技能。同时，出演网剧盈利模式还需要运用艺人经纪的方式来进行运作，在提升主播的粉丝数量、忠诚度、活跃度的同时，带来更高的商业价值，具体策略如图 11-2 所示。

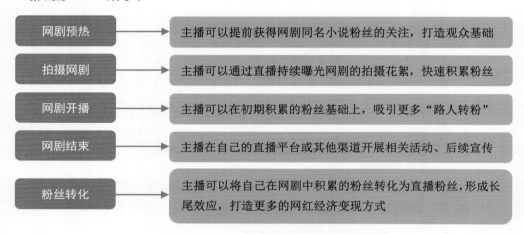

网剧预热	主播可以提前获得网剧同名小说粉丝的关注，打造观众基础
拍摄网剧	主播可以通过直播持续曝光网剧的拍摄花絮，快速积累粉丝
网剧开播	主播可以在初期积累的粉丝基础上，吸引更多"路人转粉"
网剧结束	主播在自己的直播平台或其他渠道开展相关活动、后续宣传
粉丝转化	主播可以将自己在网剧中积累的粉丝转化为直播粉丝，形成长尾效应，打造更多的网红经济变现方式

图 11-2　艺人经纪运作网剧的具体策略

11.2.7　形象代言：依赖自身商业价值

形象代言盈利模式是指主播通过有偿帮助企业或品牌传播商业信息，参与各种公关、促销和广告等活动的直播，帮助品牌促成产品的购买行为，并使品牌建立一定的美誉度或忠诚度。同时，对于代言人来说，也会赚到巨额的代言费。形象代言盈利模式适合一些明星、商界大腕或者自媒体达人等"大 IP"。

形象代言盈利模式的收益主要依赖于主播个人的商业价值，包括形象价值、粉丝价值、内容价值、传播价值等方面，这也是主播提升收入的关键因素。互联网有很多明星商务交易平台，都会对当下热门的明星和网红进行商业价值估算，主播可以将其作为参考目标，从各个方面来努力提升自己，如图 11-3 所示。

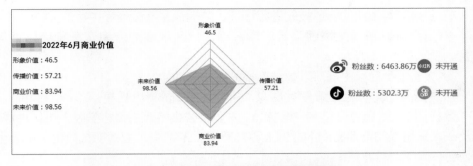

图 11-3　明星和网红的商业价值估算

专家提醒

当"大 IP"主播担任一个企业或品牌的形象代言人后，也需要在各种途径中不断维护品牌形象，为其快速扩展市场，以此证明自己的代言价值，而且还能使自己得到更好的发展。

11.2.8　商业合作：跨界合作提高影响

商业合作模式是指主播采用跨界商业合作的形式来盈利，主播通过直播帮助企业或品牌实现宣传目标。这种盈利模式更加适合自身运营能力强且有一定商业资源或人脉的主播。

对于直播行业来说，进行跨界商业合作是实现商业盈利的一条有效途径；对于企业来说，跨界合作可以将主播的粉丝转化为品牌用户，让产品增值；而对于主播来说，在与企业合作的过程中，可以借助他人的力量，扩大自身的影响力。

因此，主播在实现个人商业模式盈利时，不需要再单打独斗，而是可以选择一种双赢的思维：跨界合作、强强联手，打开新的盈利场景和商业模式。

11.2.9　公会直播：更高提成更多粉丝

在直播行业内部，如今已经形成一个"平台—公会—主播"的产业链。公会就像是主播的经纪人，能够为其提供宣传、公关、签约谈判等服务，帮助新主播快速提升直播技巧和粉丝人气，同时会在主播收入中进行抽成。一般来说，公会比较适合处于起步阶段的新主播，或者有特色但缺乏运营能力的主播。

加入公会后，主播通常可以获得如下好处。

① 主播可以与公会协商礼物提成，提高自己的抽成比例。

② 每月的收益可以全额结清，部分公会还会提供保底收入。

③ 公会可对主播的直播技能进行培训，并提供直播设备和内容的支持。

④ 公会可以帮助主播在高峰时期开播，抢占更多的流量资源和热门推荐位置。

⑤ 加入公会后，主播可以参与更多的官方活动。

⑥ 主播可以与公会互享粉丝资源，提升直播间的活跃气氛。

当然，加入公会也会存在一些弊端，主要是公会将对主播打赏收入进行抽成，以及在人员管理和直播时间的控制上更加严格，不如个人主播那么自由。加入直播公会有以下两种方法。

（1）与公会签约，做全职主播。好处通常是有保底工资和更高的礼物提成比例。不过，签约后公会将对主播的工作做一些要求，以及安排更多的任务，同时需要遵守直播平台的规则。

（2）挂靠直播公会，做兼职主播。这种方式通常没有保底收入，但礼物提成的比例比普通个人主播要更高，以及能够享受公会的流量扶持待遇，主播不用接受公会任务，开播时间比较自由。不过挂靠公会这种模式，通常公会要收取一定的费用，而且也需要主播遵守平台规则。

例如，开通抖音平台的直播权限，要求主播的粉丝数量达到 10000 人，但主播如果能够加入和抖音官方合作的公会，则"0 粉丝"也能开通直播权限。

11.2.10　游戏广告：推广游戏提高收入

游戏广告盈利模式是指主播通过直播某款游戏，或者在直播间放上游戏下载二维码链接，给粉丝"种草"从而获得一定的广告推广收入。游戏广告盈利模式适合各种游戏"技术大神"、颜值高的美女主播以及游戏视频创作者。在直播间推广游戏时，主播还需要掌握一些推广技巧。

- 声音有辨识度。
- 清晰的叙事能力。
- "脑洞"大开策划直播脚本，将游戏角色当成演员。
- 直播内容可以更为垂直细分一些，尽可能地深耕一款游戏。内容越垂直，用户黏性就会越高，引流效果更好，更容易受到广告主的青睐。
- 主播需要学会策划聊天话题，与粉丝互动交流，提升粉丝好感与黏性，活跃房间气氛。

11.2.11　游戏联运：主播推广获取提成

游戏联运是一种游戏联合运营的直播盈利模式，即在平台上运营游戏，游戏厂商提供客户端、充值和客服系统等资源，主播提供直播内容和广告位等资源，双方针对某款游戏进行合作运营。由主播推广带来的玩家充值收入，按约定的比例进行分成。

游戏联运适合有钻研精神、喜欢研究游戏商业规律的人设型主播，或者能够深入评测、解说某款游戏玩法和攻略的测评解说类直播达人。同时，这种模式还适合有游戏运营经验或者拥有较大流量主播资源的直播机构或公会。

游戏联运和游戏广告的操作方法比较类似，但收入形式的差别比较大。游戏广告通常是一次性收入，对于主播的推广效果有一定的考核。游戏联运相当于主播自己成为游戏厂商的合伙人，可以享受玩家在游戏中的充值提成。

游戏联运是一种"利益共享、风险共担"的合伙人商业模式，能够让合作双方的利益实现最大化，具体优势如下。

（1）将游戏产品精准传递给目标用户，快速获取忠实用户。

（2）降低游戏的推广成本，给游戏做"冷启动"。

（3）合作双方优势互补、互利互惠，达到共赢目的。

11.2.12　主播任务：完成任务平台扶持

有一些新的直播平台为了吸引主播入驻，以及增加主播开播时间，通常会给主播提供一些有偿任务，主播完成任务后可以获得对应的平台扶持收益。主播任务盈利模式适合一些没有直播经验的新手。

例如，在抖音直播界面，主播可以点击右上角的"主播任务"图标，查看当前可以做的任务，包括直播要求、奖励和进度，点击任务还可以查看具体的任务说明。

同时，在直播过程中，主播可以使用有趣的礼物互动玩法，调动粉丝送礼的积极性，增加自己的直播收入。直播结束后，主播可以对直播间的数据进行分析，以便为下一次直播做优化调整提供有力依据，让自己的直播变得更加精彩。

第 12 章

直播带货：掌握销售方法

学前提示

平台直播卖货的核心点是把商品销售出去。主播不仅需要运用话术技巧和观众进行互动、交流，同时还要通过活动和利益点来抓住观众的消费心理，从而促使他们完成最后的下单行为。

要点展示

- 销售心得：直播卖货要点
- 带货技巧：价值促进转化
- 促单技巧：促使观众下单

12.1 销售心得：直播卖货要点

在电商直播平台，想要打动直播间观众的心，让他们愿意下单购买，主播需要先锻炼好自己的直播销售技能。本节将分享一些关于直播销售的心得体会，来帮助主播更好地进行直播卖货。

12.1.1 转变身份：转变形象获得好感

直播带货主播是一种通过屏幕和观众交流、沟通的职业，必须依托直播方式来让观众进行购买行为，这种买卖关系使得主播会更加注重建立和培养自己与观众之间的亲密感。

因此，主播不能只一味地在直播间中给观众推销产品，而是应学会开始转变成一个更具有亲和力的"朋友"。主播通过与观众的及时沟通和反馈，回答观众提出的有关问题，引导观众对直播间的产品进行关注与下单。

正是由于主播的身份转变需求，很多主播在直播间的封面上，一般都会展现出邻家小妹或者调皮可爱等容易吸引观众好感的画面。如图 12-1 所示，这是偏可爱风格的直播封面图。

图 12-1 可爱风格的直播封面图示例

当主播的形象变得更加亲切和平易近人后，观众对于主播的信任度和依赖感会逐渐加深，也会开始寻求主播的帮助，借助主播所掌握的产品信息和相关技能，帮助自己买到更加合适的产品。

12.1.2 管好情绪：保持良好直播状态

主播在直播卖货过程中，为了提高产品的销量，会采取各种各样的方法以达到自己想要的结果。但是，随着步入电商直播平台的主播越来越多，每一个人都在争夺流量，都想要吸引粉丝、留住粉丝。

毕竟，只有拥有粉丝，才会有购买行为的出现，才可以保证直播的正常运行。在这种需要获取粉丝流量的环境下，很多个人主播开始延长自己的直播时间，而商家企业也开始采用多位主播轮岗直播的方式，以此获取更多的曝光率让平台的更多观众看到。

这种长时间的直播，对于主播来说，是一个非常有挑战性的事情。因为主播在直播时，不仅需要不断地讲解产品，还要积极地调动直播间的氛围，同时还需要及时地回复观众所提出的问题，可以说是非常忙碌的，会感到极大的压力。

在这种情况下，主播就需要做好自己的情绪管理，保持良好的直播状态，使得直播间一直保持热烈的氛围，从而在无形中提升直播间的权重，获得系统给予的更多流量推荐。

1. 做好情绪管理，保持良好的直播状态

在直播中，主播常常会碰到各种类型的观众，这些观众由于自身原因在看待事情的角度和立场上，态度常常是截然不同的，那么就要求主播在销售产品的过程中，有针对性地进行引导观众。按对主播的忠诚度，一般把直播间的观众分成三种类型，如图 12-2 所示。

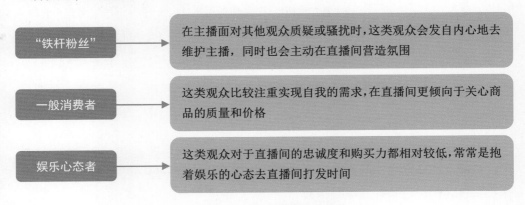

图 12-2　直播间的观众类型

在面对自己的"铁杆粉丝"时，主播的情绪管理可以不用太苛刻，适当地和他们表达自己的烦恼，宣泄一点压力，这样反而能更好地拉近和他们之间的距离。

至于消费类型的观众，由于他们一般是以自我需求为出发点的，很少会在乎主播的人设或其他优点，只关心商品和性价比。面对这种类型的观众，就需要主播展现出积极主动的情绪，解决他们的疑惑，同时诚恳地介绍商品。

主播在面对娱乐心态的观众时，可以聊一些他们喜欢的话题，来炒热直播间的氛围。同时，主播还可以间接地插入自己销售的产品，用与产品相关的资讯内容来吸引他们关注产品。

总之，主播在直播时需要时刻展现出积极向上的状态，这样可以感染每一个进入直播间的观众，同时也有利于塑造积极正面的形象。

2．调节互动氛围，增加观众的信任和黏性

直播间带货，商家和主播除了需要充分展示产品的卖点外，还需要适当地发挥个人优势，利用一些直播技巧来调节直播间的互动氛围，从而增加观众的信任和黏性，相关技巧如图 12-3 所示。

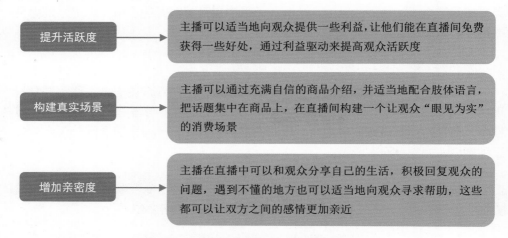

提升活跃度	主播可以适当地向观众提供一些利益，让他们能在直播间免费获得一些好处，通过利益驱动来提高观众活跃度
构建真实场景	主播可以通过充满自信的商品介绍，并适当地配合肢体语言，把话题集中在商品上，在直播间构建一个让观众"眼见为实"的消费场景
增加亲密度	主播在直播中可以和观众分享自己的生活，积极回复观众的问题，遇到不懂的地方也可以适当地向观众寻求帮助，这些都可以让双方之间的感情更加亲近

图 12-3　增加观众的信任和黏性的相关技巧

12.1.3　用好方法：实现产品迅速盈利

直播销售是一种需要观众掏钱购买商品的模式，而主播要想让观众愿意看自己的直播、愿意在自己的直播间花钱购买商品，还愿意一直关注自己，并成为忠实粉丝等，都不是一件简单的事情。

主播不可能随随便便就让观众愿意留在直播间，也不可能一味地向观众说这个产品有多么好，就可以让观众愿意下单购买。因此，主播需要掌握合理的直播销售方法，这样才能在一定程度上留住观众，提升直播间的销售额。

1．给观众"讲故事"，让他们感同身受

现在的直播销售行业有一点恶性竞争的苗头，为了更快地吸粉和下单，很多商家和主播都开始通过降低商品价格来争抢流量。

当观众在直播间向主播提出疑问："为什么你卖的商品价格比别人高？"面对这种情况，主播怎么解决才好？这时，主播就可以通过"讲故事"的方式，让观众自己感同身受，深刻理解其中的道理，从而潜移默化地打动观众。

那么，主播该如何"讲故事"呢？

首先，主播应该从自己的亲身经历入手，增加代入感。想给观众讲一个好故事，必须有一个吸引人的开头。如果主播直接上来就讲自己的想法，不做一点铺垫，只怕没什么人能听得下去。

然后，主播可以引入问题，同时引导观众一起分析和讨论这个问题。这个问题最好能和观众的实际生活或消费需求联系起来，使观众觉得这些和自己是有密切关系的，不认真看直播的话，很可能会造成自己的利益受损。

2．把故事"演出来"，让观众产生共鸣

除了直接"讲故事"外，主播还可以声情并茂地把故事"演出来"，这样更容易让观众产生共鸣。

同时，主播在发表自己的观点时，最好加上一些和观众日常生活贴近的有类比性的例子，将其放到自己的故事情节中，这样更能让观众在对事例产生共鸣后，对主播的观点表示认同。

3．不断强调自己的人设，让观众信服

人设，一直是吸引粉丝的法宝，当主播拥有自己的人设后，需要不断地向观众强调自己的人设，更重要的是让观众相信自己的人设。

想让观众对自己的人设产生信服，主播可以在直播的时候，通过肢体语言向观众表现自己的性格与形象。此外，打造人设还有一个更简单的方法，就是由主播自己大声"说"出来。

例如，主播可以在直播间向观众说："我要成为在直播榜上排名前多少的主播。"这样的话语，可以让观众产生一种感受"这种充满斗志和信心的人就是我想成为的那种人"，或者"这个主播就是我向往成为的那种人，我要向他学习，和他一起成长、进步"，让观众感觉支持这个主播，就是在支持自己。

4．突出个人价值，让观众产生信赖感

一个优秀的主播应该控制整场直播间的节奏，让观众跟随自己的节奏走，但是更优秀的主播，会向观众突出自己的价值。

主播通过一系列的价值输送，可以向观众表明一个信息，那就是："我卖的商品从性价比的角度来看是超值的。"

12.1.4　选对主播：好主播带来高收益

直播销售主播这个职业，实际就是一个优秀的推销员，而作为一个直播商品推销员，最关键的就是可以获得流量，从而让直播间商品的转化率爆发。如果不能提高直播间的转化率，就算主播每天夜以继日地直播，也很难得到满意的结果。

主播需要对自己的商品拥有足够专业化的认知，了解自己在卖什么，掌握商品的相关信息，这样自己在直播过程中才不会出现没话可说的局面。同时，主播还要学会认识自己的粉丝，最好可以记住他们的喜好，从而有针对性地推荐产品。

在电商直播平台，很多商家并没有直播经验，因此在直播带货时的效果并不好，此时即可考虑寻找高流量的优质带货主播进行合作，让合适的人做合适的事。寻找主播资源的渠道主要包括三种：孵化网红主播的机构、各大直播平台的达人主播以及各种直播数据分析平台。

12.1.5　选对产品：增加观众的满意度

直播带货中产品的好坏会影响观众的购买意愿，主播可以从以下几点来选择带货的产品。

1. 选择高质量的产品

直播带货中不能出现"假货""三无产品"等伪劣产品，主播一定要本着对消费者负责的原则进行直播。观众在主播的直播间进行下单，必然是信任主播，主播选择优质的产品，既能加深观众的信任感，又能提高产品的复购率。因此，主播在直播产品的选择上，可以从以下几点出发，如图 12-4 所示。

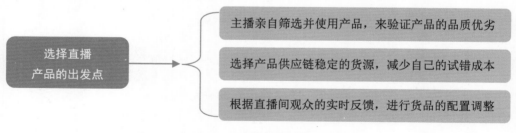

选择直播产品的出发点

- 主播亲自筛选并使用产品，来验证产品的品质优劣
- 选择产品供应链稳定的货源，减少自己的试错成本
- 根据直播间观众的实时反馈，进行货品的配置调整

图 12-4　选择直播产品的出发点

2. 选择与主播人设相匹配的产品

如果是网红或者明星进行直播带货，在产品的选择上，首先可以选择符合自身人设的品牌。例如，作为一个户外主播，则选择的产品一定是户外用品；作为一个健身主播，则选择的产品可以是运动服饰、健身器材或者代餐产品等；作为

一个美妆主播，则选择的产品一定是美妆品牌。

其次，产品要符合主播人设的性格。例如，某明星要进行直播带货，这个明星的人设是"鬼马精灵、外形轻巧"，那么他要直播带货的产品，品牌调性可以是有活力、明快、个性、时尚或者新潮等风格的产品；如果主播是认真且外表严谨的人设，那么他所选择的产品可以更侧重于高品质、具有优质服务的可靠产品，也可以是具有创新性的科技产品。

3．选择一组可配套使用的产品

主播可以选择一些能够搭配销售的产品，进行"组合套装"出售，还可以利用"打折""赠品"的方式，吸引观众观看直播并下单。

观众在电商平台购买产品的时候，通常会对同类产品进行对比，如果主播单纯利用降价或者低价的方式，可能会让观众对这些低价产品的质量产生担忧。但是，如果主播利用搭配销售产品的优惠方式，或者赠品的方式，既不会让观众对产品品质产生怀疑，也能在同类产品中体现出一定的性价比，从而让观众内心产生"买到就是赚到"的想法。

例如，在服装产品的直播间，主播可以选择一组已搭配好的服装进行组合销售，既可以让观众在观看直播时，因为觉得搭配好看而下单，还能让观众省去搭配的烦恼。这种服装搭配的直播销售方式，对于不会进行搭配的观众来说，既省时又省心，吸引力相对来说会更大。

4．选择一组产品进行故事创作

主播在筛选产品的同时，也可以利用产品进行创意构思，加上场景化的故事，创作出有趣的直播带货脚本，让观众在观看直播的过程中产生好奇心，并进行购买。

故事的创作可以是某一类产品的巧妙利用，介绍这个产品并非平时所具有的功效，在原有基础功能上进行创新，满足用户痛点的同时，为用户带来更多痒点和爽点。另外，直播的创意构思也可以是多个产品之间的妙用，或者是产品与产品之间的主题故事讲解等。

12.2 带货技巧：价值促进转化

作为一位电商主播，每个人都能够吸引大量粉丝关注，都能成为带货达人。但是，主播如果想要激发观众的购买行为，关键前提还是能让观众察觉到产品带给他们的价值。本节将从观众的角度入手，介绍通过抓住观众的痛点、痒点与爽点等方法，来解决直播销售过程中的关键问题——提升转化率。

12.2.1 解决痛点：迅速满足观众需求

痛点，就是消费者急需解决的问题，并且这个问题如果没有解决，消费者会随之产生负面情绪。一般来说，观众为了解决自己的痛点，一定会主动地寻求解决办法。研究显示，每个人在面对自己的痛点时是最有行动效率的。

大部分观众进入直播间，就表明他在一定程度上对直播间是有需求的，即使当时的购买欲望不强烈，但是主播完全可以通过抓住观众的痛点，让购买欲望不强烈的观众也产生下单行为。

当主播在提出痛点的时候需要注意，只有与观众的"基础需求"有关的问题才能算是他们的真正痛点。"基础需求"是一个人最根本和最核心的需求，这个需求没解决的话，人的痛苦会非常明显。

如图 12-5 所示的某个卖服装的西瓜视频直播间，主播通过现场穿搭向观众展现服装"材质很好""很有女人味"的特点，解决了观众"不会穿搭"的痛点需求。

图 12-5　卖服装的直播间示例

主播在寻找和放大用户痛点时，让观众产生解决痛点的想法后，可以慢慢地引入自己所要推销的产品，给观众提供一个解决痛点的方案。在这种情况下，很多人都会被主播所提供的方案吸引住。毕竟用户痛点明确，观众一旦察觉到痛点的存在，第一反应就是消除这个痛点。

主播要先在直播间营造出观众对产品的需求氛围，然后再展示要推销的产品。在这种情况下，观众的注意力会更加集中，同时他们的心情甚至会有些急切，希望可以快点解决自己的痛点。

总之，痛点就是通过对人性的挖掘，来全面解析产品和市场；痛点就是正中观众的下怀，使他们对产品和服务产生渴望和需求。痛点就潜藏在用户的身上，需要商家和主播去探索和发现。"击中要害"是把握痛点的关键所在，因此主播要从用户的角度出发进行直播带货，并多花时间研究、找准痛点。

12.2.2 打造痒点：满足观众美好愿望

痒点，就是满足虚拟的自我形象。打造痒点，即需要主播在推销产品时，帮助观众营造美好的梦想，满足他们内心的渴望，使他们产生实现梦想的欲望和行动力，这种欲望会极大地刺激他们的消费心理。

如图 12-6 所示的带货某款指甲油的淘宝直播间，主播通过展示指甲油不易脱落、颜色时尚的特点，来解决观众涂指甲油的基本痛点。同时，该产品还可以随意搭配颜色，为观众打造了一个涂上指甲油就会变得时尚的痒点。

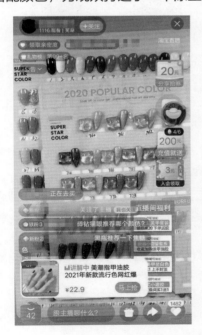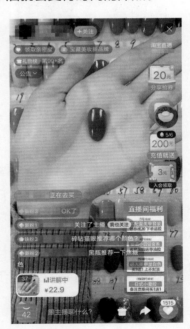

图 12-6 带货指甲油的直播间示例

12.2.3 提供爽点：满足观众当前需求

爽点，就是说用户由于某个即时产生的需求被满足后，就会产生非常爽的感觉。爽点和痛点的区别在于，痛点是硬性的需求，而爽点则是即刻的满足感，能够让用户觉得很痛快。

对于直播带货的主播来说，要想成功把产品销售出去，就需要站在观众角度思考产品具有的价值。这是因为直播间的观众作为信息的接收者，自己很难直接发现产品的价值，此时就需要主播主动帮助观众发现产品的价值。

而爽点对于直播间的观众来说，就是一个很好的价值点。如图 12-7 所示的带货某款零食的拼多多直播间，主播在直播中展示了多款零食。

图 12-7　带货零食的直播间示例

在这个直播间中，主播展示了零食的口味独特，用煽动性的语言让观众对零食的味道口感产生好奇，直击观众痛点，最后主播引导观众去"小红盒"领券拼单，从而满足了观众的爽点。

当主播触达更多的用户群体，满足观众和粉丝的不同爽点需求后，自然可以提高直播间商品的转化率，成为直播带货高手。

专家提醒

痛点、痒点与爽点都是用户欲望的表现，而主播要做的就是，在直播间介绍产品的价值点以满足用户的这些欲望，这也是直播带货的破局之道。

12.3　促单技巧：促使观众下单

很多主播看到别人的直播间爆款多、销量好，难免会心生羡慕。其实，只要用对方法，也可以打造出自己的爆款产品。本节，笔者就从直播前和直播中两方面入手，介绍直播带货常用的促单技巧，让观众快速下单。

专家提醒

爆款是所有商家追求的产品，其主要特点是流量高、转化率高、销量高。不过，爆款通常不是店铺的主要利润来源，因为大部分爆款都是性价比比较高的产品，价格相对来说比较低，因此利润空间也非常小。

12.3.1　"种草"推广："视频＋直播"新形式

商家或主播除了直接通过直播带货外，也可以利用直播平台的短视频功能，在直播前进行"种草"推广，为直播间带来更多的人气，同时可以直接提升下单率。

"种草"是直播带货的重要内容，是勾起观众购买欲望的主要手段。通过视频"种草"与直播带货的组合方式，可以加速用户的决策速度并提高转化效率，从而产生更高的经济效益。如图 12-8 所示，这是一位在 B 站进行英语线上课程宣传的主播。

这位主播就是采用"视频＋直播"的形式，通过事先发布视频，为直播间增加热度，吸引到不少观众添加其微信购买线上课程。

图 12-8　线上课程宣传

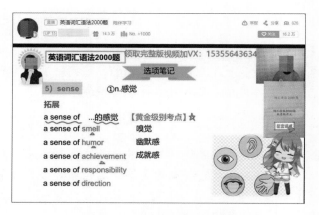

图 12-8　线上课程宣传（续）

12.3.2　红包营销：有效提高观众留存

在任何类型的直播间，红包营销都是一种行之有效的营销方式。在娱乐直播中，红包能提升观众留存率；在电商直播中，红包能够有效促进观众购买产品，提高产品转化率。

直播间最常用的营销方式就是发红包和优惠券，如图 12-9 所示。相比于没有红包和优惠券的直播间，放置红包和优惠券的直播间用户停留时间更长，商品转化率也会更高。

图 12-9　红包营销

专家提醒

　　需要注意的是，直播间的红包营销虽然能在极短的时间内吸引大批的观众进入并留在直播间抢红包，但通过这种形式吸引的观众往往不是真正的忠实粉丝，质量不高、黏性不够，主播后期在实现流量转化的时候会比较费力。而且，会有观众在红包活动结束后直接离开直播间，取消关注主播。

　　因此，主播在进行红包营销的时候，不要被活动期间直播间的火爆场景误导，要抓住机会为观众展现高质量的直播内容，后续也要持续输出优质内容以吸引观众，让他们心甘情愿地关注主播。

　　红包营销在直播的各个时段都可以使用，但不同的直播时段要使用不同的营销策略，具体如图 12-10 所示。

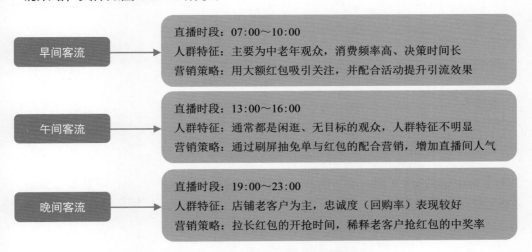

图 12-10　不同直播时段的红包营销策略

　　主播在直播的时候，通过发红包的方式引导观众转发直播间并关注主播，能够用极低的成本为直播间实现裂变式传播，虽然红包营销有其不足，但对于正处在起步阶段、人气不够的小主播来说，是一种高速、低成本的涨粉方法。